ANTROPOLOGIA JURÍDICA

Geral e do Brasil

José Sacadura

ANTROPOLOGIA JURÍDICA
Geral e do Brasil

6ª edição
Revista,
Atualizada
e Ampliada

2022

EDITORA
*Jus*PODIVM
www.editorajuspodivm.com.br

EDITORA *Jus*PODIVM
www.editorajuspodivm.com.br

Rua Canuto Saraiva, 131 – Mooca – CEP: 03113-010 – São Paulo – São Paulo
Tel: (11) 3582.5757
• Contato: https://www.editorajuspodivm.com.br/sac

Copyright: Edições *Jus*PODIVM

Diagramação: Lupe Comunicação e Design *(lupecomunicacao@gmail.com)*

Capa: Ana Caquetti

• A Editora *JusPODIVM* passou a publicar esta obra a partir da 5.ª edição.

S355s Rocha, José Manuel de Sacadura.
Antropologia jurídica: geral e do Brasil / José Manuel de Sacadura Rocha – 6. ed. rev. ampl. e atual. – São Paulo: Editora Juspodivm, 2022.
240 p.

Bibliografia.
ISBN 978-85-442-3795-3.

1. Antropologia. 2. Antropologia jurídica I. Rocha, José Manuel de Sacadura. II. Título.

CDD 341.59

Nada é mais inconsistente do que um regime político indiferente à verdade: mas nada é mais perigoso do que um sistema político que pretende prescrever a verdade. A função do "dizer verdadeiro" não deve tomar forma de lei, como seria igualmente vão acreditar que ele consiste de pleno direito nos jogos espontâneos da comunicação. A tarefa do dizer verdadeiro é um trabalho interminável: respeitá-la em sua complexidade é uma obrigação que nenhum poder pode economizar. Exceto para impor o silêncio da escravidão.

Michel Foucault – *O cuidado com a verdade*

APRESENTAÇÃO

Quem ler este livro não pode chegar a duas conclusões: primeiro, que aqui se defende uma volta a um passado idílico do tipo "bons selvagens" como proposta alternativa aos desatinos de nossa civilização atual; depois, que se imaginou as sociedades primárias absolutamente pacíficas sem alguma propensão ao conflito. Quem tem presenciado os últimos acontecimentos que envolvem nossas comunidades indígenas pode se perguntar afinal se as sociedades primárias têm algo a nos oferecer como exemplo de convívio que respeita a alteridade e a autonomia dos povos viverem em paz. Mas isto deve ser melhor explicado!

Não existe a possibilidade da volta de nossa civilização a estágios anteriores de convívio comunitário nos moldes em que sabemos ter existido a reprodução da vida entre sociedades primárias. Ainda que os exemplos de tolerância e equidistância na repartição dos bens necessários à vida sejam, de forma incontestável, exemplos vivos de respeito e valorização da dignidade humana entre as sociedades primárias, aquelas sem Estado, ainda que entre elas o trabalho seja somente uma forma de sobrevivência criativa e não instrumento de exploração humana, ainda que as leis e as formas de julgar e punir, entre as sociedades primárias, sejam perpassadas por caráter restaurativo, ao invés de estigmatizar e violentar pessoas, ainda assim, tais mecanismos estão cada vez mais distantes de serem sentidos e praticados por nossa civilização, não por impossibilidade de recursos ou falta de engenho, ao contrário, mas simplesmente porque nossa filosofia se imiscuiu de tal forma com os valores mercantis da sociedade industrial moderna, que deixou de fazer o papel de questionamento e reinvenção das possibilidades outras da vida mesma.

Quanto à violência observada em conflitos que envolvem diretamente nossas comunidades indígenas, dois pontos precisam ser esclarecidos. Este livro não diz que as sociedades primárias que servem de estudo não apresentam algum tipo de caráter beligerante, mas tão somente que o caráter violento que apresentam está sempre racionalizado na relação direta com a defesa da sobrevivência harmoniosa com a natureza que as rodeia, e não, por exemplo, como em nosso caso, conflitos oriundos da relação de dominação, poder e ganância por riqueza. Ademais, gostaria de esclarecer que não considero todas as nossas comunidades indígenas como grupos primários, a não ser aqueles com os quais ainda não tivemos contato (como no caso do Vale do Javari)! Todos os casos que nos serviram de base a este trabalho são experiências de contato de antropólogos com sociedades sem Estado e, portanto, quando estavam preservadas as suas originais características como entidades sociais metajurídicas. Hoje as comunidades indígenas contatadas pouco preservam daquelas condições originárias que apresentavam quando tiveram os primeiros contatos com nossa civilização. Entretanto, a preservação de aspectos culturais importantes para a Antropologia e Antropologia Jurídica é considerada e exposta amiúde neste livro. Se atualmente apresentam características que se confundem com nossas próprias mazelas é porque fomos, infelizmente, pródigos em cooptá-los e integrá-los nos desmandos de nossa própria civilização.

Mais do que condenar essas comunidades, deveríamos condenar a razão instrumental de nossa civilização, que nos fez e faz acreditar, e a eles, que nosso modelo é melhor do que de seus ancestrais, o que para nós serve como confirmação de nossa superioridade e da inevitabilidade de que os males de nosso mundo são genéricos e universais ao caráter humano. Neste ínterim, a "bola de neve" de nossa insensatez só cresce!

Não há aqui a pretensão de efetuar uma investigação política em sentido estrito. Por outro lado, não se pode fugir da compreensão que, em um sentido mais amplo, todo questionamento sobre os meios e as formas de reprodução da vida social é um caminho para se repensar a política, a vida no espaço público que deriva da soberania conjunta de todos nós. Neste sentido, claro que a utopia da construção de um mundo diferente, mais igualitário e com liberdade, ainda é a forma primordial de combater as ideologias perversas que levam ao continuísmo da dominação e exploração inconsequente do homem sobre o homem. Apesar de tudo, as sociedades primárias de outrora, e as de hoje, em muitos lugares e muitos aspectos, ainda podem ser vistas como um farol a apontar o caminho mais alvissareiro para a edificação da dignidade e da felicidade humana.

As contradições e conflitos entre os grupos sociais sempre existiram e sempre existirão. Da dialética desses enfrentamentos, a humanidade deverá aprender a ser melhor. Acredito nessa visão. O que não acredito é que o conflito seja para sempre o resguardo da ganância desmedida, do egoísmo e da prepotência, características de um tipo de civilização que, quiçá, ainda há de construir a igualdade com liberdade, sem ressentimento, sem culpa e sem casuísmos ascéticos. Nossa civilização sofre de excesso de tudo, menos de sabedoria!

José Manuel Sacadura Rocha

Outono de 2022

PREFÁCIO À SEXTA EDIÇÃO

Ecce Homo [Mateus 27:24-26]!

Diz Zé Celso que "Si existem deuses y demônios criadores, estão em nós y em toda a natureza ou em lugar nenhum (sic)" (Zé Celso, 2018). A Antropologia é uma disciplina *humana* viva e atual. Assim se escreve este livro, assim se descreve nele a vida cultural e jurídica, seus movimentos ou atualizações.

I – Todos os dias arqueólogos e antropólogos descobrem novas evidências da epopeia do Homem na Terra. Junto a paleontólogos e cientistas de outras disciplinas, como os geneticistas, as "descobertas" avançam não só com relação a novos achados como também à aplicação da mais moderna tecnologia sobre esses vestígios, como as pesquisas que envolvem imagens tomográficas, leitura a laser, reconstituição digital e impressão 3D e 4D, bem como rastreamento de DNA.

Todas estas descobertas e inovações na pesquisa antropológica possibilitam novos horizontes sobre a etnologia e etnografia, sobre o conhecimento da existência humana desde a mais remota ancestralidade. Conhecimentos anteriores e teses consagradas desmoronam – ou desvanecem "como, na orla do mar, um rosto de areia" [Foucault, 1985] –, outras finalmente se confirmam, e desde então novas prospecções são elaboradas sobre nossa existência.

Seja como for, a existência humana na face da Terra é e será sempre social, cultural. E este é propriamente o objeto da Antropologia: a Cultura, ou melhor, as Culturas. Este estudo, também chamado de *etnologia*, comporta em si uma ambiguidade da qual não podemos escapar: reconhecendo a alteridade dos povos, e já agora descartando em absoluto a continuidade evolucionista de seu existir, ainda se vê enredada pela historicidade de *nossa* cultura, pelo historiador, pelo cientista, pelo que pesquisa, quando não pelo que "venceu" e se apresenta como o "melhor" e "único" interlocutor sobre o que se constitui o outro povo em seu ambiente. E é assim que a *etnologia* costuma se reduzir a traduzir antes as invariantes da estrutura dos povos ante o que compõe *nossa* própria sucessão de acontecimentos. Este é o primeiro e o mais profundo significado dos estudos antropológicos: a atenção especial que o pesquisador e o estudioso devem ter para a *experiência do outro*, tão importante como a de seu grupo e cultura.

Não por acaso a ciência estabeleceu no pós Segunda Grande Guerra que as Américas foram povoadas a partir do Norte pelo Estreito de Bering, não antes de 14 mil anos, por um povo denominado Clóvis, quando hoje se espalham evidências por todas as regiões, do norte ao sul do continente americano, que o povoamento se deu muito antes disso e provavelmente em vários momentos e por caminhos diferentes. Este tipo de coisas, a construção de narrativas não científicas, ou mesmo o seu negacionismo, se deve ao propósito de criar, como no caso citado, uma hegemonia estadunidense no *ratio* ocidental pós-Guerra.

II – Mas não só de luta de soberania, e domínio dos Estados na geopolítica, se trata este "incômodo", de *não poder* tomar como sua a cultura de outros grupos sociais, comunidades e povos; a *respeitar* e procurar entender o outro não como o "estrangeiro" – muitas vezes no seio de seu próprio grupo: jovens infratores, deficientes, prisioneiros, indígenas, LGBTQIA+ etc. – desafiador e concorrente, mas como grande possibilidade de usufruir o diferente como novo e refletir sobre nossa própria cultura e sobre nós mesmos. O "incômodo" de suspender a historicidade do discurso através do qual refletimos nossa própria cultura no interior dela mesma, "pra fazer surgir correlações sincrônicas em outras formas culturais" [Foucault, 1985]. Daqui a esperança que um dia, mais tarde ou mais cedo, a humanidade possa ultrapassar os estreitos limites do horizonte mercantil, por consequência, colonizador, que não escapa, na melhor das hipóteses, de um "*liberalismo tolerante*", para alcançar o patamar civilizatório da *hospitalidade étnica* (racial, religiosa, de gênero etc.).

Possivelmente o Direito é das ciências sociais a disciplina de maior espectro dogmático: só não mais conservador porque a realidade cultural o impele de forma inesgotável à dobra reformadora sobre si, um tipo de "acoplamento estrutural" fechado. Mas ainda assim, nem o pluralismo nem a vida social sistêmica moldam o Direito a não ser sobre seus próprios princípios mantendo-se em dia com seu próprio interior segundo aquela estrutura – "encerramento operativo" [Luhmann, 2009]. Neste caso, a ciência jurídica precisa muito da Antropologia: na medida em que a *etnologia* não busca apagar a soberania histórica da narrativa positivista dogmática para a esfera do Direito, como de resto para toda uma percepção da vida social, pode comparar culturas, verificar as formas singulares e complexas delas, as diferenças que opõem umas às outras, as *cercanias* pelas quais se atribui coerência na dimensão de suas relações sociais e formas jurídicas, instalando-se definitivamente naquelas esferas da necessidade material, na produção e no trabalho, concomitantemente na linguagem e na forma política da Justiça como atividades de regulação social.

III – Por que neste livro se fala das sociedades primárias ou primevas? Porque é próprio da etnologia, e da Antropologia [do Direito], irem além dos marcos linguísticos das sociedades industriais modernas, ao menos poder *comparar* e registrar a diferença entre os grupos sociais e os povos, e, com isso, penetrar no rol taxativo tido como "superior", quando não "único", da cultura do homem branco ocidental. É o nosso caso, o do Direito, orientado modernamente como uma forma jurídica *derivada* "de fato como resposta a forças poderosamente conectadas da manufatura moderna, as finanças, o transporte e o comércio" (Geertz, 2002), isto é, sob o regime de acumulação [do capital]. As sociedades primárias – em seu estado de natureza ou em sua aproximação primeva com esta –, quer dizer, sem o registro formal e sistematizado de linguagem verbal, consequentemente, sem elaboração de Códigos através de uma razão legislativa, usam a oralidade a consagrar os costumes e as tradições com vistas à recomendação e organização social, e dão preferência às ações educativas e corretivas, ao que se pode chamar mais apropriadamente de Justiça Restaurativa.

O que os povos tinham e mantinham em comum, gregos e navajos, as gens romanas e os tupinambás, os saxões e os rapanuis, era uma cultura comunitária distributiva; daqui surgia naturalmente a aversão à dominação, ao individualismo e à propriedade privada, e era frequente o politeísmo, a poligamia, o *status* matrilinear para a organização da família, a cooperação e a repartição de instrumentos e técnicas de trabalhos e de víveres e alimentos. Em tais condições culturais, qualquer sistema jurídico era equidistante, não dosimetrado (quantificado) a usar a pena como funcionalidade do crime, senão a pena suficiente conforme o agravo danoso ao corpo social, educativo (qualitativo) para a preservação da coesão e harmonia, conforme os costumes e tradições. *É destas comparações que se trata*. Ou seja, observar criticamente que somos *constituídos* para acreditar que o Direito como modernamente o experienciamos é a melhor e única forma de viver coletivamente...

A Antropologia que no século XX abriu novos horizontes – não logo de início (século XIX), diga-se de passagem, não exatamente a evolucionista e a positivista – para o entendimento da epopeia do *homo sapiens*, tem sido de forma demasiada direcionada para a edificação e preservação de domínios da linguagem na arquitetura do Poder, do Estado, das Classes, dos Grupos, das Instituições sociais e jurídicas. Fundamentalmente, acredita-se que "desenvolvimento" é tecnologia e "riqueza" dinheiro. À Antropologia, à etnologia e à etnografia, mais do que outra coisa qualquer, importa emprestar *outro olhar* que cria uma tensão positiva a *possibilitar vozes outras*, desde sociedades estatais com estruturas jurídicas complexas, culturalmente diversas entre si, àquelas sem Estado e sem razão técnica jurídica formal [sociedades primárias]. Como se pergunta na Introdução: A sobrevivência humana dependeu sempre de uma lógica jurídica formal? Deve-se admitir a absoluta necessidade do Estado para a vida social? Qual a semelhança ou dessemelhança em todas as eras para os pressupostos da Justiça, nomeadamente a penal? Como se estabelece o fundamento da propriedade privada, do individualismo e da repartição de bens e víveres em todas as épocas? Qual, afinal, o papel do Direito contemporâneo na construção do projeto de humanidade e o que os grupos ancestrais têm a nos dizer sobre isso?

IV – Todo grupo, toda comunidade, toda sociedade é uma sociedade da Ordem. Portanto, toda a Cultura pressupõe uma ordem, uma *organização paradigmática* da vida coletiva, da *reciprocidade* e do *reconhecimento* dentro dos limites – mais ou menos elásticos – de regras, e, igualmente, para punir a transgressão dessa ordem de coisas, valores e regras. Bem vistas as coisas, a reciprocidade é um tipo de reconhecimento: este, no entanto, se espalha de diversas formas por toda a existência humana coletiva, enquanto daquela se espera algo *mais semelhante* ou igual como resposta a uma ação cujo autor espera que seja valorizada pela sociedade (Todorov, 2014).

Nenhum sistema jurídico, de maior ou menor envergadura formal, admitindo-se que todos têm seu grau próprio e suficiente de complexidade e de acordo com cada cultura, pode prescindir ou macular o respeito à devida reciprocidade e reconhecimento diante dos atos e fenômenos humanos. Mas isto significa, em princípio, a observância de uma determinada Ordem. Existem muitas ordens: cumpre identificar e estudar em que elas se fundamentam e, essencialmente, porque uma determinada ordem vigora sobre nossa mente e nosso corpo, porque nos constitui de uma forma e não de outra, e se é possível transitar de uma a outra. Não é possível *reduzir* uma cultura/ordem a outra e, tampouco, traçar linearidades e apresentar hierarquizações. Somos seres de Cultura e Ordem, nascemos nelas e as reproduzimos, sem questioná-las, na mesma dimensão e energia que gastamos para reproduzirmos nossa existência. Neste sentido, é de suma importância também debruçar-nos sobre a nossa própria formação como povo, nossa identidade como Nação, em particular no Brasil de tantas culturas e cores.

Quanto mais a vida está estruturada em uma lógica formal, técnica e estatal, mais o Direito requisita para si o reconhecimento e distribui reciprocamente os benefícios da ordem cuja cultura visa o domínio mercantil das classes em desalinho e desigualdade. Propriedade, *Status* Social, Parentesco, Culto, Gênero, Raça, Pertencimento, Hospitalidade, Afetividade – categorias gerais estruturais da complexa e diversa composição dos grupos que formam todos, a Humanidade: longe da Natureza, longe dos Mitos, longe da Cooperação, longe da Distributividade... Longe do Homem!

Longe do Homem, longe da Justiça. E, então, sombriamente a Arte da Justiça se desfez nas civilizações e chegou a nossos dias como um sopro de sobrevida perto, *muito perto*, do deus Hermes.

José Manuel de Sacadura Rocha

Outono, 2022

PREFÁCIO À QUINTA EDIÇÃO

Existe um mistério: o que fez com que Sociedades Primevas *sem poder* passassem para o estágio de Sociedades Complexas *com poder* de Estado? Sabemos que o poder anda *acoplado* ao saber, e que a forma elementar e estrutural do poder é um poder-sobre-o-fazer, isto é, quando se cristaliza na sociedade a divisão intelectual do trabalho, onde uns planejam e ordenam enquanto os outros executam e obedecem. Mas a pergunta permanece: o que fez, então, com que uns (a maioria) aceitassem o poder-sobre o seu fazer?

As Sociedades Primevas são essencialmente comunitárias, produzem para a tribo, repartem igualmente os alimentos. De forma geral, a organização familiar apresenta forma ampliada e poligâmica, o patriarcado é pouco acintoso, praticam constantemente o ato *de doação* e desconhecem a ideia de valor além daquilo que é necessário para sua sobrevivência e mantêm uma relação orgânica com a natureza. Nada levava a crer que do sentido comunitário mais amplo pudesse surgir exatamente o seu contrário, e desenvolver-se a organização social do tipo mercantil, *de troca*, de acumulação de dinheiro, onde repousa, finalmente, o poder-sobre-o-fazer, quer dizer, a exploração econômica e a dominação política.

Nas sociedades industriais mercantis, o fenômeno do trabalho social é a divisão do trabalho entre fazedores (despossuídos dos meios e conhecimento concreto e integral do fazer) e não fazedores (os proprietários desses meios e conhecimentos). A esta separação entre o poder-fazer e as condições reais promulgadas pelos que têm o poder-sobre (esse fazer), corresponde uma *forma jurídica estatal* adequada e derivada, a começar pela adjudicação do trabalho na forma legal de contrato entre sujeitos de direito, entre patrões e empregados. Daqui deriva a necessidade do Estado e do Direito, formas desenvolvidas em último grau no sistema capitalista para regular a produção, a circulação, a realização de mercadorias com vistas à acumulação. Mas, por óbvio, a Antropologia esclarece que nem sempre foi esta a forma de existência das sociedades humanas, por muito tempo não existiu a necessidade de Estado e de Direito; na verdade, estas são instituições muito recentes na história do homem. Como viviam as sociedades primárias (e as que ainda sobrevivem!) sem tais instituições, como se organizavam, como produziam a harmonia no convívio, como procediam quanto à Justiça, como julgavam e sancionavam os comportamentos mais indesejáveis?

São perguntas como estas que este livro de *Antropologia Jurídica* quer ajudar a responder, de forma geral em relação à construção da sociabilidade jurídica das sociedades ocidentais, e de forma específica como contribuição para o pensamento da formação da sociabilidade cultural brasileira. Quanto à cultura não se deve perguntar, inicialmente, qual o seu papel na vida social, mas, antes, que constituição histórica social promove lentamente determinada cultura jurídica e política de uma civilização e de uma Nação. Isso constitui o método de estudo desta obra, já agora na sua 5ª edição.

Desde 2008 atualizamos esta obra com a esperança renovada de que ela possa, de forma singela, contribuir para uma visão menos dogmática e conservadora do Direito e promova a aproximação entre os homens e o respeito a toda a diversidade humana.

José Manuel de Sacadura Rocha

Verão, 2018

PREFÁCIO À QUARTA EDIÇÃO

Quando se fala de Antropologia, as primeiras coisas que vêm às nossas cabeças são índios, tribos indígenas, povos exóticos e selvagens. Claro, nós, pessoas de "sociedades de poder", vivendo no mundo industrial e de mercado, acreditamos que somos "civilizados", e assim acreditamos igualmente que todos os demais que não vivem em tais condições de Estado e Tecnologia são "selvagens". Nada mais enganoso e discricionário: a intolerância e o terror começam aqui!

Nos prefácios anteriores desta obra, incentivei os leitores a verem as Sociedades Primárias e os povos chamados indígenas como sociedades tão complexas e sofisticadas como as nossas, e a verem nessa sofisticação a possibilidade de os homens viverem e produzirem sua vida coletiva pela "reciprocidade", e não pelo "poder". Pretendi sugerir que o *quantum* de desenvolvimento tecnológico, ou qualquer outro elemento da vida social, não significa obrigatoriamente que um povo, uma cultura, seja "superior" a outro, nem mais inteligente ou mais desenvolvido. Foi partindo dessa premissa, que agora percebo não estar suficientemente clara aos leitores, que sugeri que a vida humana era possível sem poder e sem Estado, que as instituições civis de uma sociedade podem oferecer a coercitividade necessária ao convívio pacífico entre os indivíduos, e que o Direito não é, e não foi por milênios, necessidade imperiosa a moldar a convivência humana e seu desenvolvimento, senão a partir de um momento muito recente na história da humanidade.

Ou seja, para a Antropologia, todas as "culturas" são sublimes e todas as sociedades são propriamente "únicas", de forma que a necessidade da gestão do Único – o Estado – apenas circunstancial à vida de alguns povos, portanto, tão necessário hoje como supérfluo, possivelmente, amanhã e, portanto, nenhum povo, cultura, sociedade,

Nação ou Estado tem, nesse sentido, o direito de segregar e inferiorizar seja que grupo humano for e sejam quais forem as suas características e as condições de reprodução coletiva de sua existência.

Assim, apresentamos, nesta 4ª edição de *Antropologia Jurídica Geral e do Brasil: para uma filosofia antropológica do Direito*, a diferenciação entre *Etnocentrismo* e *Relativismo Cultural*. Queremos com esses conceitos, logo no capítulo 1, incentivar os leitores a pensarem quanto benefício a Antropologia tem a apresentar no âmbito da convivência social e convivência com outras Culturas, Nações e entre diferentes Estados. O que pensamos é que, para lá de nosso máximo atual de convivência, na melhor das hipóteses, o que chamamos de "tolerância" não se mostra suficiente hoje para frutificar a paz em relação a minorias, religiões, povos e Estados, tampouco para suscitar qualquer diálogo profícuo com os "mais radicais". Por exemplo, no limite, o que tendemos a chamar de terrorismo está além do limite que achamos ser possível tolerar, portanto, com relação a certos atos, o que prevalece é a "intolerância", e nesse sentido sequer conseguimos opor qualquer "racionalidade".

No entanto, em outras situações em que a alteridade e a diferença não nos parecem radicais, mas simplesmente inadmissíveis em relação a nossos valores e regras, lançamos mão de "condicionalidade", verdadeira barreira à ampla e sincera compreensão do paradoxo cultural em toda a sua infinitude plástica. E chamamos essa "condicionalidade" de "tolerância", ou seja, tudo além é estranho e desprezível, "mas, se você ficar lá, eu fico aqui". Se fosse só isso, a meu ver, a Antropologia seria subutilizada, e se ela pretende ser pacificadora da diferença, ela pretende o diálogo amplo; o sonho da Antropologia é que todos os homens em suas respectivas culturas possam conversar sem barreiras. Portanto, além da "condicionalidade" há que fundar a "hospitalidade". A "hospitalidade" é "incondicional", ela não pretende "erguer muros de convivência, mas conviver sem muros"!

O terrorismo é irmão gêmeo do racismo, que é irmão gêmeo da segregação, que é irmão gêmeo do purismo e superioridade racial. A colonização não acabou, a higienização fascista tampouco. O ódio mina a paz. A relutância em viver em sintonia com o ritmo da Natureza, do Planeta e do Universo desconecta o homem daquilo que é suficiente e fundamental e procria continuamente esse ódio. Deveríamos querer o mínimo, mas vivemos presos em sociedades do máximo! Não basta sermos tolerantes, precisamos acreditar incontinentes e incondicionalmente na aproximação, na amizade, no diálogo, na hospitalidade. E não foi nisso que os primeiros *Homo sapiens* pensaram quando conseguiram pronunciar a palavra AMOR?!

José Manuel de Sacadura Rocha

Outono, 2015

PREFÁCIO À TERCEIRA EDIÇÃO

Gostaria de começar assim: "Todo poder se nutre da confiabilidade daqueles a quem serve" (Eliana Calmon – Corregedora Nacional de Justiça – CNJ). Poderia começar de outra forma, mas acho que esta frase recente da Ministra é suficiente, eloquente e uma síntese do que desde a primeira edição deste livro, em 2008, me propus a escrever. A existência da tecnociência jurídica e do Estado não são condições *per se* da existência e convivência social dos homens. O Estado e o Direito são construções sociais determinadas, históricas, e emanam da complexidade da vida social que, em alguns casos, não pode persistir a não ser às custas da transmissão do poder dos homens para tais instituições.

Mas nem sempre os agrupamentos humanos sentiram essa necessidade de transmissão de poder, e desta forma, ainda hoje, tantos milhões de anos desde a epopeia humana na Terra, por aí nos suscitam entendimentos diversos da observância *in natura* das instituições estatais e de justiça. Se o fizeram, e os grupos que o fizeram, é porque, precisamente, a confiabilidade, diria a solidariedade espontânea, se perderam nas dificuldades, complexidades e desmandos na vida social, e a intersubjetividade, a mais importante força política-jurídica, se esfacelou meio ao crescente egoísmo humano. Mas, isto não significa que o Estado e o Direito estejam a administrar o poder a seu bel-prazer, ao contrário, exatamente porque seu poder é "derivado", sempre, da soberania popular, é que a legitimidade e a eficácia de aplicação política e normativa dependem da confiabilidade que os cidadãos lhes emprestam. Fora disso é a presunção e a arrogância; fora disso é o autoritarismo e a ditadura.

Há aproximadamente quatro anos, quando ainda os cursos de Direito começavam a incluir a disciplina de Antropologia Jurídica em seus currículos, reuni alguns textos usados em sala de aula e acreditei que a Ciência Antropológica e as Sociedades Primárias tinham muito a nos dizer sobre as formas políticas de existir e as formas jurídicas de organização social. Nomeadamente, percebi que tinha em mãos um valioso instrumento de desdogmatização do Direito, em um País que, infortunadamente, insiste em perpetuar velhas formas de poder e punição. Agora, contudo, ao tempo em que esta Terceira Edição (3.ª ed.) vai a público, a importância da Antropologia Jurídica extravasa a necessidade de uma didática critica e construtivista do Direito, e se afirma como disciplina das mais importantes, meio ao rol de conteúdos propedêuticos exigidos amiúde nos exames e concursos inerentes aos estudos e profissões jurídicas.

A presente edição – **ANTROPOLOGIA JURÍDICA GERAL E DO BRASIL: Para uma Filosofia Antropológica do Direito** – está remodelada, com nova apresentação, totalmente revista e ampliada, ficou mais moderna, atual, aborda o Brasil e suas particularidades de convivência social e de identidade nacional (acrescentou-se o Capítulo 11 – A Antropologia do Dilema Brasileiro: Miscigenação e Caráter), amplia os horizontes contemporâneos e as preocupações hodiérnicas da sobrevivência humana do ponto de vista da Ecologia e da Sustentabilidade (acrescentou-se o item 12.4 – Ecologia, Sustentabilidade e Antropologia no Direito), e atualiza os conceitos fundamentais da disciplina quanto ao direito familiar, de sucessão e herança, as formas de parentesco e a reprodução material diversificada nos agrupamentos humanos (acrescentou-se o item 4.3 – Família e Casamento). Está repleta de citações doutrinárias bem como de nossa legislação pertinente aos temas abordados, constituindo assim um inovador método na disciplina de aproximação com o Ordenamento Jurídico pátrio. Existem dois novos Anexos: "6 - *Sentença proferida contra os réus do levante e conjuração de Minas Gerais*" e "7 - *Antropologia e Política – Pierre Clastres leitor de La Boétie: Ser-para-Liberdade ou Medo da Liberdade?*". A presente edição ainda apresenta uma série de imagens de personagens, rituais e documentos que ilustram os conteúdos e as argumentações explicitadas, tornando a leitura mais agradável e acessível.

Gostaria de agradecer aos que de alguma forma me instruíram, incentivaram e colaboraram na presente edição. Ao meu Pai, o Sr.

Manuel Rocha, às vésperas de seu aniversário de 81 anos. Ao meu Filho, Siddhartha Sacadura, como todos os jovens deste Brasil, um lutador diante de circunstâncias às vezes tão desalentadoras. Em suas explicações filosóficas sempre encontro motivação e novos elementos a acrescentar na eterna experiência do conhecimento. Com relação a este livro não foi diferente. À senhorita Eneida Gasparini Cabrera, minha assistente. Sua preciosa colaboração, discussão e criteriosa pesquisa me ajudaram sobremaneira a dar qualidade a este livro. Aos meus alunos, que me incentivam, me instigam, me perturbam com sua eloquência e inteligência, sua ânsia de saber e de quererem ser diferentes. Especialmente aos alunos do *Núcleo de Ética Jurídica – NEJ*. Sem vocês tudo teria menos emoção. Aos meus colegas, de forma geral, mas não menos calorosamente, sempre tão carinhosos e compreensivos comigo. Aos editores e todos da equipe editorial que, por trás dos bastidores, não medem esforços para se dedicarem e valorizarem o trabalho acadêmico e intelectual do autor. A todos os meus mais sinceros agradecimentos.

José Manuel de Sacadura Rocha

Agosto de 2012

PREFÁCIO À SEGUNDA EDIÇÃO

Este livro é uma homenagem aos povos indígenas e aos povos de todo o mundo.

Há poucos meses Claude Lévi-Strauss faleceu. Sem ele a Antropologia jamais seria a mesma. Depois dele as Ciências Sociais e Humanas jamais foram as mesmas. Com Lévi-Strauss aprendemos o quanto somos tão diferentes e ao mesmo tempo tão iguais. Somos iguais nas necessidades fundamentais do viver social, somos diferentes nas formas como criamos essa (com) vivência. Ou em outras palavras: constituímos uma "unidade do diverso".

Essa plasticidade envolve, todavia, o compromisso com a alteridade do outro. O outro que me parece muitas vezes tão distante, mesmo estando tão perto, e ao mesmo tempo tão perto, como possibilidade de me afirmar como diferente, mesmo parecendo estar tão longe. No fundo, não importa tanto se o que sou é construído meio ao meu grupo; importa mais se posso reconhecer como distinto o conjunto de meus valores em comparação com os valores de alguém. Pertencer e não pertencer fazem parte do mesmo jogo da vida. Isto nos aproxima a todos, independentemente do amálgama cultural de onde saímos: isso é o bastante para insistirmos na tolerância, um fator na primordial construção do humano.

Poucas coisas nos fazem tão humanos quanto o reconhecimento e o respeito ao diverso. Somos humanos porque somos diferentes. Somos diferentes porque somos humanos.

Para lá da discussão jurídica proposta, além do olhar antropológico sobre o Direito, as questões iniciais que procuramos responder encerram em si a grande lição das Ciências Sociais quando aplicamos seus pressupostos às várias áreas do conhecimento: humanizar e harmonizar o saber. Este livro não deixa de ser um "canto" de paz. Ele se interessou pelo universal na vida social; igualmente pelo respeito e pelo exemplo próprio que outras estruturas da reprodução do existir humano nos proporcionam. Esses exemplos desconstroem amiúde uma série de preconceitos e dogmas próprios da arrogância civilizatória de nossas sociedades industriais. Emprestamos dos grupos indígenas, das sociedades primevas, esses exemplos, algures ainda vivos, de vivências sociais outras que são verdadeiros testemunhos de solidariedade e fraternidade, ao mesmo tempo uma tenaz resistência contra o poder Único.

Em um tempo e espaço que a cada instante parece projetar mais e mais desentendimento e violência legal entre as nações, e quando se projeta um futuro de imponderáveis dificuldades para o diálogo multilateral dos povos, a Antropologia permanece fiel ao imensurável, mas profícuo respeito das tradições, dos cultos à natureza, da educação informal, da sanção espontânea, da razão não tecnicista e da convivência extrajurídica. Parece sempre improvável para o homem ocidental moderno que a obstinação pelo mítico e pelo informal seja sinônima de bem-estar material e felicidade espiritual. O mesmo se pode falar hoje do Oriente, mais desenvolvido ou menos desenvolvido econômica e tecnicamente. Porém, a verdade é que o espírito humano precisa infinitamente menos do que possui e sonha materialmente possuir, para ser feliz e viver em paz.

A balança do que a civilização proporcionou pende exponencialmente para a insensatez e o radicalismo. Quanto mais avançamos no desenvolvimento material mais regredimos no desenvolvimento do espírito humano. Estamos perdendo a capacidade de nos comunicar, porque o comunicar pressupõe entender e respeitar o diverso nos outros. Gustavo de Castro e Florence Dravet, no prefácio do livro "Sob o Céu da Cultura", assim o explicitaram: "Assim, uma ciência do diálogo só é possível se formos capazes de instaurar um espírito de igualdade tanto no âmbito das relações sociais e interculturais, como no âmbito das relações entre os diversos domínios do conhecimento e apreensão do real: um espírito científico que inclua o pensamento racional e técnico, o pensamento poético e o pensamento mítico-religioso".

No caso brasileiro, como tratamos neste livro, percebemos a oportunidade de realizar com algum sucesso essa tolerância e apreciar de alguma forma os frutos do sincretismo incondicional do nosso povo. Infelizmente, nossa pesquisa acabou por revelar que grande parte dos males que nos afligem no âmbito sociojurídico advém do oportunismo das elites seculares que se recusam a colaborar com a desalienação cultural e educacional sempre presente. Confundimos o privado e o público para fazer prevalecer o nome, o favor, o conluio. Tudo isso leva à prevaricação e à corrupção. Nada disso ajuda a acabar com as desigualdades gritantes a que estamos submetidos há 500 anos.

Este livro, produto de pesquisa antropológica na área do Direito, tinha tudo para ser um livro improvável. O dogmatismo jurídico e o espírito conservador da academia inibem permanentemente pesquisas que apontem para formas alternativas de pensar e praticar o Direito. Questionar as formas jurídicas em sua relação com o Estado e o poder que lhe fornece sustentação, tomando emprestado o olhar antropológico sobre o humano, é, de muitas formas, contribuir para que novas gerações de operadores jurídicos possam ousar um Direito que não subestime o corpo social, principalmente no fundamental princípio de equidade que é o respeito ao diferente, ao especial, ao difuso, ao plástico, afinal, ao sagrado direto de ser de cada um dentro de cada grupo a que pertence. Ainda com aqueles autores, "Enriquecer-se com o diverso e aceitar o desconhecido é uma necessidade cuja ambição reside na humildade requerida, porém raramente encontrada, no meio científico".

A reedição deste pequeno livro é uma vitória de todos que acreditam e lutam para que o respeito à alteridade seja alicerce da tolerância, do sincretismo e da paz entre os povos.

José Manuel de Sacadura Rocha

Março de 2010

SUMÁRIO

INTRODUÇÃO

A Antropologia no Direito

Michel Foucault escreveu em sua obra *As palavras e as coisas:*

> A Antropologia constitui talvez a disposição fundamental que comandou e conduziu o pensamento filosófico desde Kant até nós. Disposição essencial, pois que faz parte de nossa história; mas em via de se dissociar sob nossos olhos, pois começamos a nela reconhecer, a nela denunciar de um modo crítico, a um tempo, o esquecimento da abertura que a tornou possível e o obstáculo tenaz que se opõe obstinadamente a um pensamento por vir (1985, p. 358).

As coisas precisam ser vistas exatamente assim – e como contestar a genialidade de Michel Foucault? –, mas como a Antropologia, especialmente a Antropologia do Direito, pode efetivamente ser a "denúncia crítica" que tanto o autor, e nós mesmos, desejamos? O objetivo da Antropologia como disciplina, agora introduzida mais amiúde nos cursos de Direito, e em vias de se afirmar como essencial entre as disciplinas propedêuticas, é demonstrar o dogmatismo existente na assim chamada Ciência Jurídica e, portanto, promover a desconstrução de um saber que se especializou tanto a ponto de impossibilitar um olhar, e sentir, mais *zetético* e abrangente com relação ao homem em si mesmo e à proliferação polimorfa de estratégias distintas de sobrevivência, estratégias essas tão complexas quanto as nossas, as das sociedades industriais modernas.

Ao estudar outras formas do existir humano, individual e coletivo, a Antropologia é poderoso instrumento de desmistificação e desalienação, possibilitando a compreensão, a um tempo, mais teleológica e relacional, capaz de refletir sobre formas petrificadas do saber humano, e construir em seu lugar um olhar e pensar que aponta mais para a plasticidade da condição do homem, em sua simbiose com tudo o que o rodeia, da natureza a seu semelhante. No âmbito do Direito, fundamental esse outro olhar, esse outro pensar os arquétipos freudianos que estão na base da racionalidade normativa do homem industrial moderno, de forma tal que a relação entre homem, sociedade e lei seja repensada e precursora de um pensamento mais "genuinamente" humano, vale dizer, menos tecnológica e mecanicamente elaborado, menos especializado e instrumental, menos científico e mais valorativo. Bem analisadas as coisas, pode-se mesmo dizer que o Direito, diante da primazia tecnicista e planificada dos dias atuais, só poderá sobreviver pela opção dessa volta a um saber humano na busca de justiça social efetiva, e que tal só pode ser possível no resgate de dimensões outras, no estudo do homem como ser total e diverso. Neste sentido, a Antropologia empresta ao Direito contribuição *sui generis* e fundamental no resgate, vez que já em muito perdida, da verdadeira função jurídica – a paz e a felicidade dos homens –, só possível, no entanto, pelo respeito e tolerância a toda a diversidade cultural, étnica, racial, religiosa, política, econômica e tantas quantas sejam as possibilidades de diferença entre os homens.

Existem questões fundamentais ao saber jurídico que a Antropologia empresta contribuição enorme em suas respostas. Entre outras: a) é fundamental à sobrevivência humana, coletivamente tomada, a existência de leis elaboradas a partir de uma lógica formal jurídica?; b) é imprescindível, para a vida social do homem, a existência de um poder terceiro, e maior, como o Estado?; c) o que é exatamente "poder" na sociedade humana, qual sua origem e qual sua utilidade, e pode-se falar de um sentido único e universal para tal relação?; d) a regulação e a emancipação são elementos de normatividade e desobediência existentes em todas as sociedades humanas e se verificam, como fenômenos, de forma idêntica?; e) quais os tipos de instituições de controle social e que formas estas assumem nas sociedades humanas em seu papel normativo e punitivo?; f) qual a relação entre formas de julgar e punir e a efetiva e eficiente administração pública das condutas indesejáveis?; g) como a condição humana sente e estabelece suas variadas estratégias de sobrevivência a partir da dicotomia entre público e privado, inclusive no caso brasileiro?; h) qual o papel da magia e da religião nas possibilidades da dominação e exploração da natureza – quando esta parece sufocar e revoltar-se contra nós –, e dos homens – quando as formas de banalização da vida humana parecem ter chegado a formas extremas de brutalidade e "criatividade"?; i) para que servem as formas especializadas do saber, incluído o saber profissional do julgar e punir?; j) afinal, existem outras possibilidades de se compreender o fenômeno humano normativo, regulador e, a partir desta compreensão, buscar formas mais humanas no estado da arte do Direito?; k) afinal, qual o verdadeiro papel do Direito na construção do projeto humano em função dos direitos inalienáveis da condição humana – na fuga da violência e desumanização?

A Antropologia em sua especialidade dedicada ao Direito pretende construir algumas explicações alternativas a estas demandas teóricas, e proporcionar certa visão deontológica para a possibilidade de uma estética jurídica moderna mais humana. De modo geral, todos os ramos da Antropologia – a Física, a Etnologia, a Arqueologia – podem, e devem, se voltar ao Direito; a forma mais eficaz, no entanto, profícua nestas respostas alternativas, é permeada pela Antropologia do Direito Comparado. Isto quer dizer que: 1) o Direito, no contexto antropológico, engloba todas as formas de normatização social e todas as particularidades nas formas e conteúdos das funções do educar, controlar, julgar e punir, e que 2) a efetiva e mais promissora contribuição à não dogmatização de saberes petrificados nas atuais ciências jurídicas devem passar por uma reformulação de base, ou seja, do interesse e capacidade de comparar de forma permanente instituições e visões de espaço e mundo social diferentes. Nesse sentido, o estudo de sociedades **primevas ou primárias**, assim por aproximações e distanciamentos, pode cunhar o estudo antropológico do Direito em resultados promissores.

Começando já por cometer algo de heresia metodológica para uma introdução, podemos concluir, afinal, que certamente determinado tipo de Antropologia tem muito a contribuir com esse "pensamento por vir" jurídico exatamente como Foucault menciona na obra citada:

> Os códigos fundamentais de uma cultura – aqueles que regem sua linguagem, seus esquemas perceptivos, suas trocas, suas técnicas, seus valores, a hierarquia de suas práticas – fixam, logo de entrada, para cada homem, as ordens empíricas com as quais terá de lidar e nas quais se há de encontrar. Na outra extremidade do pensamen-

> to, teorias científicas ou interpretações de filósofos explicam por que há em geral uma ordem, a que lei geral obedece, que princípio pode justificá-la, por que razão é esta a ordem estabelecida e não outra. Mas, entre essas duas regiões tão distantes, reina um domínio que, apesar de ter, sobretudo, um papel intermediário, não é menos fundamental (...). É aí que uma cultura, afastando-se insensivelmente das ordens empíricas que lhe são prescritas por seus códigos primários, instaurando uma primeira distância em relação a elas, fá-las perder a sua transparência inicial, cessa de se deixar passivamente atravessar por elas, desprende-se de seus poderes imediatos e invisíveis, libera-se o bastante para constatar que essas ordens não são talvez as únicas possíveis nem as melhores: de tal sorte que se encontre frente ao fato bruto de que há, sob suas ordens espontâneas, coisas que são em si mesmas ordenáveis, que pertencem a uma certa ordem muda, em suma, que há ordem. (...) De tal sorte que essa região "mediana", na medida em que manifesta os modos de ser da ordem, pode apresentar-se como a mais fundamental: anterior às palavras, às percepções e aos gestos, incumbidos então de traduzi-la com maior ou menor exatidão ou sucesso (razão pela qual essa experiência da ordem, sem seu ser maciço e primeiro, desempenha sempre um papel crítico); mais sóbria, mais arcaica, menos duvidosa, sempre mais "verdadeira" que as teorias que lhes tentam dar uma forma explícita, uma explicação exaustiva, ou um fundamento filosófico. Assim, em toda a cultura, entre o uso do que se poderia chamar os códigos ordenadores e as reflexões sobre a ordem, há a experiência nua da ordem e de seus modos de ser (***op. cit.***, p. 10-11).

Assim, não se pretende neste livro trabalhar com uma Antropologia *universal* ou, melhor dizendo, uma forma *universal* de Antropologia. Existe a necessidade, portanto, de fugir de uma explicação única e linear para a constituição do homem e sua existência social, ou a maneira como esse mesmo homem se explica diante dos fatos e das coisas da vida (como ele mesmo é "objetivado" como coisa a ser compreendida).

Esta obra propõe-se fundamentalmente a pesquisar o fenômeno da "ordem" nos grupos humanos, de uma perspectiva em que tal fenômeno apresenta-se, a um tempo, como fundante e reprodutor da vida social em todas as sociedades sem, contudo, remeter a um único *status*, conteúdo e forma similares, ou mesmo a um caminhar uniforme e linear da espécie humana. Pelo contrário, a *forma relacional* e a *alteridade* em cada coletividade demonstram uma plasticidade na normatividade que assegura, também por instituições de controle – educar, julgar, punir – próprias e diversas, a "ordem" enquanto possibilidade real da sobrevivência coletiva dos homens. Assim, desta perspectiva, deste olhar múltiplo, deste caleidoscópio cultural, assegura-se uma leitura que defende, fundamentalmente, que a vida social humana não depende geralmente de uma estrutura lógico-formal jurídica, como acontece nas sociedades industriais modernas, e tampouco de um terceiro que, de forma especializada, cumpra o papel de regulação desse ordenamento, como o caso do Estado.

Mais: ao final, certas conclusões apontam mesmo para um fato algo inusitado e nem sempre percebido – ou nem sempre apregoado por quem percebe –, *de que pode existir uma relação inversa entre a formalização da racionalidade jurídica de poder estatal e a possibilidade de convivência coletiva humana pela simples e tão primária quanto necessária relação entre os homens.* Na verdade, as sociedades primevas estão até hoje a demonstrar que a ordem pode significar efetiva e eficientemente a convivência sem qualquer instituição de controle que extrapole o estrito senso de comunidade, os limites mínimos de ordenamento necessários às estratégias coletivas de sobrevivência material, ao que corresponde um ânimo de felicidade humana muito mais promissor e efetivo do que aquele das sociedades industriais modernas, principalmente as de mercado competitivo.

Então, sociedades primevas não são apolíticas nem fazem descaso do poder, não são desprovidas de normatividade nem de leis, e tampouco desconhecem a necessidade de regulação e sanção a comportamentos desviantes. Simplesmente a reciprocidade endógena do grupo é tão essencial ao seu reproduzir existencial que outras instituições de controle social são inventadas e mesmo incentivadas a cumprir esses papéis do "vigiar e punir"; contudo, o sentido de coletividade e a sobrevivência em grupo impelem os homens a fortalecerem os laços de parentesco e de amizade, sobretudo como funções do educar muito antes do punir, e, sobretudo, pode-se dizer, repudiando a exploração e dominação da natureza e do próprio homem.

No caso brasileiro, a *Antropologia relacional* desta obra estuda, da fundação do território até os dias presentes, as formas como a "ordem" expressa no ideário e imaginário do povo é essencialmente uma questão de "poder", ou como uma parte minoritária da nação, as elites desde as "capitanias hereditárias", ajustando-se às dimensões reformuladas do Estado nacional, permanecem formando a nacionalidade e identidade da nação, substanciando seus privilégios e definindo o sentimento nacional a partir dessas próprias instituições de controle estatais. Aqui, a *Filosofia Antropológica do Direito* adentra as formas próprias do Estado brasileiro como necessidade histórica de revelar não apenas a ideologia perversa das estruturas estatais jurídicas de forma geral, mas como em nosso solo pátrio esse jurídico está "fantasiado" de igualdade e justiça, permanecendo em uma zona nebulosa – que mistura o público com o privado enaltecendo as relações pessoais, o indivíduo com a pessoa em detrimento do cidadão –, de interesses patrimoniais e corporativistas onde poder e status personalíssimos dão a dinâmica própria do existir como brasileiro.

Antropologia Jurídica: para uma filosofia antropológica do Direito se propõe fundamentalmente a desmistificar, a desconstruir, a retirar os dogmas do Direito de modo geral, e em particular o Direito no Brasil, à luz da compreensão do homem em sua relação de sobrevivência com o hábitat. O fato de a sua construção estar permeada por uma intenção absolutamente didática, possibilitando melhor compreensão das discussões propostas para aqueles que vão adentrar uma área de conhecimento algo nova, no caso, a Antropologia do Direito, nada impede o objetivo primordial de proporcionar aos leitores um olhar diferente sobre o homem, sua condição humana coletiva e suas relações de direito.

Parte I

ANTROPOLOGIA, PODER E DIREITO

Capítulo

1

ANTROPOLOGIA – O QUE É?

Antropologia é o estudo do homem, ontem, hoje e no futuro. Antropo (homem) e logo (estudo; ciência).

As principais áreas de conhecimento antropológico são:

1. *Antropologia física ou Paleoantropologia:* estudo do homem através de sua evolução física – surgimento na natureza, fisionomia (aspecto), fisiologia (capacidades como ser – pensar, fazer, reproduzir-se), transformações (inclusive no futuro). Ligação com ciências biológicas e médicas.
2. *Antropologia cultural ou Etnologia:* estudo do homem através de sua evolução cultural. Cultura: conjunto de significados, valores e regras de comportamento no grupo determinado historicamente.

Existem muitas culturas; cada grupo de indivíduos humanos estabelece os significados do mundo natural e humano que o rodeia, e a partir daqui elabora valores e exige regras de conduta social. Cultura também, muitas vezes, é vista como imutável, pois é comum referirmo-nos a um grupo ou civilização através de sua cultura – "cultura dos Incas", "cultura ocidental", "cultura oriental", "cultura do Brasil" etc. Mas, na verdade, uma cultura está sempre se transformando, seja alterando mais ou menos em profundidade seus valores e práticas de forma autônoma, seja por influência de outras culturas, acrescentando ou "incorporando" valores e práticas de outros povos e lugares.

De qualquer forma, não devemos nos referir a determinada cultura como algo que se "conserva" ao longo do tempo, mas tão somente que o *conjunto* dos valores, regras e comportamentos de um determinado grupo humano os identifica como sendo "diferentes" e "únicos". A essa diferença chamamos de **Alteridade**.

Neste sentido, uma cultura tem história, que é possível estudar, a partir da história do grupo de homens ao qual ela pertence. Por outro lado, como uma cultura está em permanente mudança, pode acontecer que em um determinado momento um povo não se lembre mais dos valores, regras e comportamentos de seus ancestrais, sendo necessária a pesquisa antropológica em suas várias especialidades para resgatar esse "como era viver no passado". Para muitos povos e civilizações pode-se afirmar que a cultura está "morta", no sentido de que já não se encontra nenhum traço de práticas e de normas de conduta em grupos humanos na atualidade. No entanto, a Antropologia tem demonstrado como formas de viver muito antigas ainda "impregnam" os hábitos e mesmo valores dos descendentes de culturas ancestrais.

Importante: a *Antropologia cultural* quer estudar como esses valores são criados a partir de "fatores" históricos presentes na relação com a natureza e com os outros homens em termos de sobrevivência, e não exatamente as implicações e consequências sociais e políticas desses valores e condutas dos indivíduos em grupo – papel da Sociologia. Por exemplo, o *Manifesto antropofágico* de Oswald de Andrade (1890-1954), escrito em 1928 dentro do movimento da Semana de Arte Moderna de 1922, defende a ideia de que o índio brasileiro "incorporou" pela própria **Androfagia** (canibalismo) os valores e comportamentos do colonizador europeu e assim se construiu a nação brasileira.

3. *Antropologia de vestígios ou Arqueologia:* estudo do homem através dos "vestígios" do passado que revelam sua forma de ser e viver – social, cultural, econômica, religiosa e política. Vestígios: todas as coisas que revelem o passado – pintura, escrita, arte, monumentos, utensílios (objetos de uso cerimonial e pessoal, roupas, adornos, cerâmicas, louças etc.).
4. *Antropologia do Direito ou legal:* estudo do homem enquanto "ser normativo", ou seja, a utilidade e eficiência das regras de conduta a partir do conjunto de mecanismos culturais que cada grupo estabelece para sobreviver.

Contribuem para esta especialidade, mais moderna, do século XX, todos os outros ramos de Antropologia e mesmo as demais ciências humanas.

Importante: a *Antropologia legal* reconhece a necessidade valorativa de normas e regras de conduta sem necessidade de formalização escrita ou de um sistema necessariamente complexo e diferenciado, burocrático e estatal. Por isso *Legal* ou *de Direito* e *não jurídica*.

Normalmente a Antropologia é conhecida pela dedicação maior dos antropólogos ao estudo de povos, culturas e civilizações "passadas" e "exóticas". E isto se deve muito à Arqueologia, uma das formas mais antigas e comuns de fazer chegar até nós o conhecimento da história e vida dos povos antigos. Dizemos "civilização" só quando se produziu uma cultura que perdurou por muitos séculos e foi seguida por muitos indivíduos e povos (ex.: Mesopotâmia, Egito, Astecas, Maias, Grécia, Roma, China Cristianismo ocidental, Islamismo no Oriente etc.).

Uma outra forma bastante conhecida de se fazer Antropologia é através do estudo de outras culturas, principalmente de povos isolados e afastados da cultura ocidental, não só os mais complexos ou diferenciados, mas aqueles que se apresentam de maneira bem rudimentar e simples ou primária.

Importante: rudimentar ou simples, ou primário, não significa selvagem, primitivo ou incivilizado, nem mesmo não desenvolvido, pois cada grupo humano deve ser visto de forma a se respeitarem a diversidade e opções de vida, bem como os fatores que se apresentam a condicionar os valores e as estratégias de vida próprias.

O melhor é nos referirmos a sociedades e culturas mais complexas e menos complexas e mais diferenciadas e menos diferenciadas, sendo as menos complexas e diferenciadas chamadas de primárias por usarem um arsenal de instrumentos de sobrevivência que não possuem tecnologia elaborada e refinada (como a indústria, por exemplo).

Este estudo de outros povos e culturas, com o intuito de compreender uma certa evolução do homem como gênero passa, obrigatoriamente, pela comparação entre os aspectos físicos e culturais dos homens – chama-se *Antropologia comparada:* tentar compreender nossa cultura e leis comparando com a formação mais primária e menos diferenciada de outros povos. A partir do final do século XIX os antropólogos fazem esses estudos vivendo no meio dessas sociedades distantes e isoladas.

1.1. ETNOCENTRISMO E RELATIVISMO CULTURAL

Entende-se por *Etnocentrismo* a abordagem – preconceituosa – em que uma determinada cultura é superior e melhor do que outra(s). Com isto fica determinado, aos moldes darwinistas[1], que uma cultura pode ser entendida a partir dos *estágios anteriores* que a precederam, estabelecendo-se uma linha que vai dos grupos humanos mais "atrasados" (selvagens) às sociedades mais "desenvolvidas" (civilizadas). Assim, elementos e aspectos, determinadas características, devem ser selecionadas para demonstrar a superioridade de uma cultura sobre a outra; normalmente as visões discriminatórias na Antropologia costumam eleger o aspecto tecnológico para demonstrar a superioridade de uma sociedade sobre a outra.

É sabido que os povos indígenas tendem a apresentar uma forte rejeição dos indivíduos de outras tribos, mas isto se deve à necessidade destes grupos primevos estabelecerem limites quanto à sua identidade cultural, pois em seu ambiente nenhum outro aspecto que não seja a cultura lhes servirá para se distinguirem. De qualquer forma as sociedades tribais não vivem nunca em completo isolamento e nada se compara em seu ambiente ao etnocentrismo político e *empoderamento* das sociedades de Estado que usam a diferença – alteridade – como mecanismo relutante de superioridade e dominação das demais culturas.

Neste pormenor pode-se afirmar que o máximo que a abordagem etnocentrista pode chegar a almejar, e de fato são poucas as sociedades ditas desenvolvidas que o fazem, é a uma convivência com barreiras e preconceitos, muros e cercas eletrificadas, que após o Iluminismo

---

1. Charles Darwin (1809-1882) – "darwinismo" social ou cultural, referindo-se à concepção que existe um desenvolvimento encadeado em que uma sociedade procede da anterior e que todas as sociedades podem, portanto, serem vistas como uma sucessão linear de estágios que vão do inferior para o superior, selecionando os elementos e aspectos mais importantes. Aqui existe a ideia a equiparar a formação e desenvolvimento das sociedades e suas culturas ao mesmo dinamismo de seleção do mais "forte" e adaptabilidade ao ambiente externo, tal como Darwin preconizou para os demais seres vivos a partir de seus estudos da Biologia no livro *A Origem das Espécies*.

se passou a chamar de *tolerância*: quando não se propõe a tolerância zero se propõe francamente a intolerância[2].

A abordagem etnocentrista está diretamente ligada à história e cultura brasileiras por vários motivos, pelos quais ainda hoje se pode verificar quanto o preconceito e discriminação fazem parte de nosso cotidiano. Primeiro, porque como produto da colonização europeia, nossos povos indígenas foram usados como manobra para dominação e exploração necessária à acumulação prévia do capital no mercantilismo; aqui nem as chamadas missões jesuíticas podem ser inocentadas por uma catequização e evangelização que serviram de apaziguamento dos índios, e que possibilitou a sua escravização e exploração de suas terras por parte da União Ibérica (Portugal e Espanha), e depois pelos Holandeses e Países Baixos (Companhia das Índias Ocidentais).

Em segundo lugar, destaca-se entre os motivos do etnocentrismo no Brasil, o advento do Iluminismo, conhecido pela Época das Luzes (século XVIII), onde a ideia da prevalência da razão deveria ser reconhecida nas realizações técnicas-científicas dos europeus. Logo, se o colonizador tinha armas de fogo e navios poderosos, ou quinquilharias para "ofertar" aos índios, isto era sinônimo de superioridade. O mesmo imediatamente se estendeu às ciências novas do século XIX, como a Sociologia e a Antropologia, onde o racionalismo positivista do filósofo e sociólogo francês Auguste Comte (1798-1857), de cunho darwinista, estabeleceu na República a ideia de superioridade etnocentrista europeia.

Não por acaso, em território brasileiro, inúmeros intelectuais, jornalistas, escritores e juristas – Oliveira Viana, Octavio de Faria, Silveira Martins, Silvio Romero, Capistrano de Abreu –, não só defenderam incontinente o Positivismo – Ordem e Progresso –, como criaram as teses fundantes do purismo racial e do raquitismo nacional, verdadeiro etnocentrismo xenófobo. Este foi o terceiro motivo que levou a uma visão cultural brasileira de superioridade e preconceito de uns sobre os outros, da segregação, exploração e escravização

---

2. Jacques Derrida (1930-2004) fez a crítica ao pseudomodernismo que estava contido na expressão "tolerância", sugerindo que as relações mais democráticas entre os povos e suas culturas deveriam substituir tal conceito pelo de "hospitalidade", onde o respeito e a convivência com o diverso do outro deveria ser incondicional. Ver: Jacques Derrida e Anne Dufourmantelle, *Da Hospitalidade*, São Paulo, Escuta, 2003.

de índios, negros provenientes do tráfico, brancos pobres punidos, mestiços, mulatos, mamelucos, cafuzos etc.

Por último, ditaduras contumazes em solo pátrio, como de resto em toda a América Latina, sempre tenderam a privilegiar as elites latifundiárias e financeiras nacionais e internacionais, estabelecendo clara divisão entre o selvagem e o civilizado, o atrasado e o desenvolvido, o ruim e o melhor etc. Este mecanismo etnocentrista deveras se repete ainda hoje na cultura brasileira, quando o próprio povo, sem cidadania real, se lança à aliança e ao favor menos apropriado na tentativa desesperada de sobrevivência cujas condições mínimas de vida digna lhe são acintosamente retiradas. Quem nunca ouviu alguém dizer "Sabe com quem está falando?".

Entende-se por *Relativismo Cultural* a abordagem – incondicional – em que todas as culturas são igualmente válidas e tão ricas umas como as outras. Com isto se quer dizer que não existe a possibilidade de determinar uma sequência linear de desenvolvimento civilizatório, onde umas culturas seriam o protótipo das outras e assim sucessivamente. Logo, todos os elementos e aspectos de uma cultura são *relativos* àquela cultura, tão importantes e especialmente válidos para a mesma como outros elementos e aspectos para outra cultura.

A abordagem do relativismo cultural pretende substituir as visões de superioridade cultural, deixando de eleger interesseiramente determinados elementos de uma cultura para consignar o *status* de superior. Pretende, portanto, construir uma visão de convivência entre povos que vá, inclusive, além da tolerância do fisiologismo, condicional, com que o etnocentrismo trata as demais culturas lhes emprestando uma inferioridade e *nonsense* com propósitos sabidamente de dominação e exploração econômica. Ao que tudo indica os massacres e etnocídio dos povos indígenas e das culturas pré-colombianas do século XVI e seguintes pouco ensinou às nações se consideram no topo da civilização: as guerras e os genocídios modernos e atuais são a prova de sua total falta de racionalidade no âmbito da etnologia da hospitalidade.

Ao contrário do que faz o etnocentrismo, o desenvolvimento técnico-científico de uma sociedade deve ser entendido como próprio e útil àquela sociedade, que é bem possível que um grupo social não tenha interesse em desenvolver outras tecnologias que vão além de suas necessidades e preferência pela integração com a natureza sem a destruir de forma predatória e irreversível. Claro que uma tecnologia industrial, com as máquinas de guerra, pode exercer empoderamento e desnivelar o confronto com grupos com outras tecnologias (aliás, este é o motivo mais importante quando nos perguntamos por que os Portugueses e Espanhóis levaram vantagem no confronto com os povos indígenas da América Latina, ou os Holandeses sobre os indígenas do Caribe e os Britânicos sobre os indígenas do Pacífico, a França sobre as nações africanas, os Ingleses e Franceses sobre os índios da América do Norte, os Japoneses sobre os Chineses etc.). Mas o fato de uma sociedade ter desenvolvido tecnologias industriais, principalmente bélicas, nada nos diz com respeito ao *quantum* de felicidade e bem-estar que proporcionam aos seus próprios cidadãos. Talvez esta seja a melhor lição que a abordagem do relativismo cultural possa nos oferecer!

De qualquer forma, dificilmente a abordagem etnocentrista facilitará o respeito pelas minorias étnicas e religiosas, ou se engajará na luta contra a opressão sobre a mulher, contra condutas homofóbicas, menos ainda contra a discriminação aos menos abastados e excluídos. Estas são bandeiras melhor entendidas pelo engajamento dos que compartilham de uma abordagem cultural relativista. Não se trata da volta do mito do "bom selvagem" de Rousseau, como que um etnocentrismo às avessas, mas de procurar um equilíbrio entre os benefícios do desenvolvimento científico e industrial e os valores de harmonia e integração do homem com a natureza e o Universo, reconhecendo o Outro como aquele que preferiu e tem o direito de ser diferente, pois que destarte as diferenças culturais, toda a humanidade é *Una*.

1.2. MODELOS DE INTEGRAÇÃO ÉTNICO-RACIAIS

Levando em conta certas características histórico-culturais e políticas para o domínio das diferenças étnicas na formação dos Estados-nacionais modernos, podem-se verificar diferentes *modelos* de integração das populações que habitam um mesmo território e compartilham as mesmas leis e soberania.

Modelos são "arcabouços ideais" que congregam um conjunto mais ou menos homogêneo de características para uma população significativa de indivíduos, não querendo isso dizer que no seio de um "modelo" não possam existir comportamentos diferenciados, repetitivos para uma minoria, ou esporádicos mesmo entre indivíduos que compõem a mesma aceitação de convívio e estratégias sociais, coletivas.

Estes são "modelos" inseridos no modo de produção capitalista, e condicionados pelas leis de mercado as sociedades contemporâneas quase nada podem fazer para combater o individualismo e o aprofundamento das diferenças entre os povos. Instigando-os à mais completa concorrência, por óbvio, só leva os indivíduos a acirrarem suas animosidades com relação aos outros, às minorias e principalmente os estrangeiros. Contudo, os "modelos" servem para demonstrar essas dificuldades tendo por fundo as "lutas" próprias do mercantilismo e das formas liberais do capital, na política, no direito e na cultura. A **Hospitalidade**, que ultrapassa os limites da tolerância para a diferenciação étnica ou racial, só pode se estabelecer de fato onde as leis da concorrência e sucesso material estiverem abolidas nas consciências das pessoas.

De forma didática pode-se observar quatro "modelos" de integração quando levada em consideração uma abordagem antropológica:

1. Multiculturalismo (Canadá): neste caso a "diferença" é *contornada*, quer dizer, as diferenças histórico-culturais, tradições, valores, crenças, hábitos e linguagem permanecem em seu estatuto de origem como singularidades que todos se comprometem a respeitar e a conviver; a diferença é até bem-vinda, mas pode não existir uma séria iniciativa de ultrapassar esses marcadores de desigualdade, pelo menos não sentida como necessidade da maioria; *voltado para a prática* ***incondicional*** *da tolerância*; apesar de estarem submetidos à mesma soberania da legislação, *não são de fato* as Leis e o Estado que fazem acontecer a convivência da harmonia cotidiana, *mas o senso de nacionalidade e tolerância multicultural da população*; países jovens podem apresentar este modelo com certa frequência;
2. Republicanismo (França): como no Multiculturalismo, a "diferença" é *contornada*, mas agora muito mais por vias do domínio do Estado, principalmente a partir de sua Carta Magna ou sua Constituição; essa constitucionalidade prima por mandar observar a igualdade de direitos e tratamento jurídico-político dos indivíduos como cidadãos (Revolução Francesa (1789) e Independência dos Estados Unidos da América (1776)); a *cidadania*, observada constitucionalmente, é sinônima de direitos e é ela que promove, politicamente, a integração e tolerância das singularidades de origem dos

indivíduos meio às populações; portanto, neste caso, de forma genérica, *são as Leis e o Estado que promovem a convivência*, e menos os sentimentos de nacionalidade e patriotismo, ou de pertencimento e tolerância da população; para os estrangeiros, a cidadania é imprescindível com vistas à sua integração; *existe aqui uma prática* ***condicional*** *da tolerância*;

3. Miscegenismo (Brasil): neste caso a "diferença" *deve se exaurir* na mistura de raças e sincretismo cultural, portanto, a população na medida em que promove integração racial por via do casamento e aproximações afetivas, está mais próximo, pelo menos em teoria, de relevar e minimizar a importância da diferenciação de etnia e raça, não exatamente desconsiderando as singularidades, mas até as podendo valorizar para as aproximações afetivas; contudo, como veremos mais adiante (Parte II), este modelo de integração sempre suscita as mais radicais críticas e repúdios por pessoas e grupos importantes com contingentes de indivíduos que podem ser significativos; mas, dado que apesar dessa discriminação as pessoas continuam a se casarem e promover afetividade inter-racial e sincretismo racializado, pode-se dizer que o modelo prevalece; apesar da necessidade jurídica-legal para proteger o miscegenismo, os direitos e as ligações civis inter-raciais do racismo de parte da população, não se trata de uma construção de convivência e integração do tipo Estatal, mas das pessoas que procuram e estabilizam estas relações; *existe aqui uma prática* ***incondicional*** *da tolerância*, e só não se pode falar efetivamente de *hospitalidade* na medida em que a intolerância e o preconceito de alguns reafirmam mais o quanto a sociedade dada está submetida ainda às mais velhas e hediondas formas de reprodução das sociedades mercantis, e isto não precisa ser explícito nem verbalizado permanecendo de muitas formas encoberto e dissimulado por um véu de reciprocidades de poder político, econômico e de favores;
4. Conciliação (África do Sul): a partir da segunda metade do século XX muitos povos lutaram e conseguiram sua emancipação política frente aos processos de colonização (ex. da África) ou integração geopolítica (ex. do Leste Europeu) a que estiveram submetidos por dezenas de anos, e com isso se

colocou como imperativo a convivência etno-racializada; assim, esta convivência pode ser extremamente exigente e a tolerância uma conquista diária imediatilizada; não existindo uma violência explícita entre povos e grupos, crê-se que algum tipo de *conciliação* foi exitosa para a convivência pacífica, mediada pelo Estado ou pelas instituições de representação dos grupos e povos envolvidos; a tolerância nestes termos parece sempre bastante frágil, mas tende a médio e longo prazo se estabilizar e estabelecer em parâmetros significativos de direitos, bem-estar e sentimento de nacionalidade; onde não houve a possibilidade de conciliação etno-racial a solução tem sido em muitos casos a separação territorial e a formação de novos Estados soberanos (ex. Ruanda x Uganda; República Chéquia e República Eslováquia ou o desmembramento da antiga Iugoslávia); *existe aqui uma prática* ***condicional*** *de tolerância*, cujos termos são estabelecidos em um Acordo ou Tratado, que pode, mais ou menos, vir a ser consolidado em Constituições nacionais.

No final do século passado alguns autores propuseram *modelos de negociação* para a pacificação de desavenças e ódios étnico-raciais (alguns seculares), visando à diminuição das tensões entre os chamados Oriente e Ocidente, as existentes de dimensões religiosas (ex. de Israel x Palestina ou em Myanmar entre Budistas e a etnia Rohingya), entre brancos e negros, ou ainda as tensões e as guerras oriundas dos ódios étnicos que a colonização do Norte sobre o Sul quase sempre aprofundou, particularmente. A conciliação é um destes modelos; mas estes modelos negociativos sempre exigem a disposição das partes em sentarem e negociarem, pressupondo-se a paridade de instrumentos e condições materiais e imateriais dos pactuantes (modelo comunicativo de Jürgen Habermas (1929-0000)).

Autores como Jacques Derrida (1930-2004) chegaram mesmo a cogitar que era possível construir um modelo de hospitalidade para além da tolerância (todos os "modelos" acima são modelos de tolerância e não de hospitalidade) (BORRADORI, 2004). Infelizmente, a crença na hospitalidade entre os povos e nações, e no seio das populações, estava depositada muito mais no papel excepcional de figuras políticas que lutaram pela paz e convívio proveitoso, verdadeira aceitação, da diferença e da singularidade cultural, como Gandhi na Índia e Nelson Mandela na África do Sul.

1.3. ALTERIDADE E COLONIZAÇÃO

Quando estudamos uma cultura diferente podemos ter vários objetivos em relação a esses outros povos: 1. explorá-los – visão pragmática; 2. entendê-los para entender a sociedade do pesquisador – visão científica; 3. protegê-los, sabendo do inevitável contato e absorção por civilizações mais "predadoras" (a nossa, por exemplo) – visão romântica. Podem existir, evidentemente, visões fundidas, normalmente conflitantes, no contato que se faz com esses outros povos.

Nos séculos XVI, XVII e XVIII, as potências ultramarinas europeias usaram os primeiros estudos antropológicos com vistas mais a explorar os nativos dos territórios recém-descobertos ou conquistados, como no caso das Américas, da África, da Oceania e mesmo da Ásia. Participaram dessa empreitada países como Portugal, Espanha, Inglaterra, França e Holanda.

Muitas vezes, esses interesses comerciais se mesclaram com certa visão "missionária", no sentido de que a Igreja deveria estender seu domínio aos povos recém-descobertos catequizando-os como parte da missão de lhes trazer certa civilização e tirá-los da condição de selvagens. Excepcionalmente, esses interesses religiosos se chocaram com interesses mercantis das potências colonizadoras, o *mercantilismo*, por exemplo, no caso de Portugal cujos missionários jesuítas foram proibidos de permanecer no Brasil e catequizar os indígenas brasileiros, além de terem confiscados seus bens e riquezas (cf. decreto do Ministro do Reino, Marquês de Pombal (1699-1782), em 1759, como represália contra a participação dos jesuítas ao atentado sofrido pelo rei D. José I; as escaramuças entre jesuítas e Portugal e Espanha começaram em 1756, quando tropas portuguesas e espanholas invadiram Sete Missões, no sul do Brasil, para definirem as novas fronteiras acordadas entre os dois reinos no Tratado de Madri, celebrado em 1750, ano de nomeação de D. José I, protetor do Marquês de Pombal). *De qualquer forma, o interesse imperialista foi o verdadeiro motivo inicial que fez nascer o interesse antropológico pelos nativos das colônias.*

Vejamos alguns exemplos do que o colonizador fez do índio brasileiro, citado por Alfredo Attié Jr., em seu livro *A reconstrução do direito.*[3]

---

3. As transcrições são reproduzidas conforme a grafia original da obra A reconstrução do Direito de Alfredo Attié Jr. Porto Alegre: Sérgio Antonio Fabris, 2003.

Primeiro o autor chama a atenção para a "visão" do colonizador, cuja divina missão é a "conversão" ao poder ou à subserviência política, instaurada em três níveis: o Divino, o Direito e o Estado. Gabriel Soares de Sousa, senhor de engenho na Bahia, escrevia em 1587:

> Gentios: quanto aos tupinambás, faltam-lhes três letras das do ABC, que são o F, L, R, grande ou dobrado, coisa muito para se notar; porque se não têm F, é porque não têm fé em nenhuma coisa que adorem; nem os nascidos entre os cristãos e doutrinados pelos padres da Companhia (de Jesus) têm fé em Deus Nosso Senhor, nem têm verdade, nem lealdade a nenhuma pessoa que lhes faça bem. E se não têm L na sua pronunciação, é porque não têm lei alguma que guardar, nem preceitos para se governarem; e cada um faz lei a seu modo, e ao som de sua vontade; sem haver entre eles leis com que se governem, nem têm leis uns com os outros. E se não têm esta letra R na sua pronunciação, é porque não têm rei que os reja, e a quem obedeçam, nem obedecem a ninguém, nem ao pai o filho, nem o filho ao pai, e cada um vive ao som de sua vontade (2003, p. 50-51).

Essa conversão, obviamente, não é tarefa fácil e exige dos padres jesuítas uma estratégia para sua catequese, estratégia essa que consiste em destruir a tradição, "apartar os indígenas de suas crenças, família e comunidade". O historiador e cronista português Pero de Magalhães Gândavo, provedor da Fazenda na Bahia entre 1565 e 1570, escreveu em 1576:

> (...) por todas as Capitanias desta província estão edificados Mosteiros dos Padres da Companhia de Jesus e feitas em algumas partes algumas Egrejas entre os Índios que sam de paz onde residem alguns Padres para os doctrinar e fazer Christãos: o que todos aceitam facilmente sem contradiçam alguma porque como elles nam tenham Lei nem cousa entre si que adorem, he-lhes muito facil tomar essa nossa. (...) com a mesma facilidade, por qualquer cousa leve a tornam a deixar, e muitos fogem para o sertão, depois de baptizados e instruídos na doctrina christã. (...) e porque os Padres vêm a inconstância que há nelles, e a pouca capacidade que têm pera observarem os mandamentos da Lei de Deos, principalmente os mais antigos, que sam aquelles em que menos fruitifica a semente de sua doctrina, procuram em especial planta-la em seus filhos... E desta maneira se tem esperança, mediante a divina graça, que pelo tempo adiante se vá edificando a Religião Christã por toda esta Provincia (Attié, *op. cit.*, p. 53).

E para não pairarem dúvidas sobre as "estratégias" de catequização a destruir as tradições indígenas e a opor pais e filhos, diz-nos o Padre José de Anchieta (1534-1597):

> (...) aqueles feiticeiros, de que já falei, são tidos em grande estima. De fato, chupam os outros quando estes sofrem alguma dor, e afirmam

> que os livram da doença e que têm sob seu poder a vida e a morte. Nenhum destes aparece entre nós, porque lhes descobrimos os enganos e as mentiras. Um dos catecúmenos, porém, apresentou-se para ser curado a um, que passava por aqui com os demais a caminho da guerra. Tendo-o sabido um filho que se encontra entre nós na escola, repreendeu-o duramente, dizendo que ele havia de ser um demônio e que não entrasse mais na Igreja, pois recusou acreditar em nós para se fiar num feiticeiro (Attié, *op. cit.*, p. 61).

Quanto à escravidão, o papel da catequização é surpreendente. Voltemos ao relato histórico de Gândavo:

> Além disto pera que nesta parte haja mais dezengano, quantos escravos agora vêm novamente do sertão ou de humas Capitanias pera outras, todos levam primeiro a alfandega e ali os examinam, e lhes fazem perguntas, quem os vendeu, ou como foram resgatados, porque ninguém os pode vender senam seus pais, se for ainda com extrema necessidade, ou aquelles que em justa guerra os cativam: e os acham mal acquiridos põem-nos em sua liberdade. E desta maneira quantos Índios se compram sam bem resgatados, e os moradores da terra nam deixam por isso de ir muito avante com suas fazendas (Attié, op. cit., p. 54).

Ou seja, a escravidão é plenamente aceitável sob certas condições: boa origem, guerra justa e quando os pais os vendem.

> Desta forma, se todo o apresamento se dá licitamente, consoante o direito, não deixa o projeto de colonização de expandir-se, pode até ir 'muito avante'. São sem fé, podem adotar a nossa; não têm lei, que os obriguemos às nossas; falta-lhes rei, arrumemo-lhes um (Attié, op. cit., p. 54).

Fig. 1.1 – Missionário Jesuíta José de Anchieta.

1.4. ANTROPÓLOGOS CIENTÍFICOS IMPORTANTES

Lewis Henry Morgan (1818-1881) – americano; *A sociedade primitiva* (1877). Estudo dos povos do norte dos EUA, os iroqueses. Escola: Evolucionismo.

Bronislaw Malinowsky (1884-1942) – polonês; *A vida sexual dos selvagens* (1929). Estudo dos aborígines da Melanésia, parte oriental da Nova-Guiné, Pacífico, Ilhas Trobriand. Escola: Funcionalismo biológico.

Radcliffe-Brown (1881-1955) – inglês; *Estrutura e função nas sociedades primitivas* (1952). Estudo dos aborígines da Austrália, do Pacífico e da África. Escola: Funcionalismo sociológico.

Claude Lévi-Strauss (1908-2009) – belga; *As estruturas elementares do parentesco* (1949). Estudo comparativo de povos da Ásia, Oceania e África. Escola: Estruturalismo.

Maurice Godelier (1934-**0000**) – francês; *A produção dos grandes homens:* poder e dominação masculina entre os baruya da Nova-Guiné (1982). Estudo do povo baruya na Nova-Guiné. Escola: Estruturalismo marxista.

Pierre Clastres (1934-1977) - francês; *A Sociedade contra o Estado* (1974). Estudo dos Guayaki no Equador e Guarani e Yanomami do Brasil e Paraguai. Escola: Antropologia Política.

Darcy Ribeiro (1922-1997) – brasileiro; *O povo brasileiro* – A formação e o sentido do Brasil (1995). Estudo dos índios brasileiros Kaapo e outros. Escola: Pós-estruturalismo – culturalismo sociológico.

Roberto DaMatta (1936-**0000**) – brasileiro; *A casa e a rua.* (1985) Estudo do povo brasileiro em seu cotidiano e instituições. Escola: Relativismo Antropológico.

Capítulo

2

ANTROPOLOGIA DO DIREITO – O QUE É?

A *Antropologia do Direito* é o estudo da **Ordem** social, das **Regras** e das **Sanções** em sociedades "simples": direito primário, não especializado, não diferenciado, não estatizado. "O cientista social não está interessado apenas nas regras formais específicas do Estado, mas em todo padrão de normas, e nas sanções que mantêm a ordem social e que permitem uma sociedade funcionar." (Shirley, *Antropologia jurídica*, 1987, p. 9).

A *Antropologia jurídica* é a observação participante, crítica, e a *comparação* entre as instituições do direito do Estado moderno e aquelas outras arcaicas que se apresentam nas sociedades primárias. Ex.: quanto à polícia, ao judiciário, às prisões, às punições e à reintegração social. Obviamente, os detentores do poder não têm interesse em efetuar tais comparações e apresentar o Direito moderno de outra forma, *restaurativa*.

Já ao *direito comparado* interessam as igualdades e diferenças entre instituições jurídicas modernas, ajudadas pelo entendimento multicultural de muitos tipos de sociedades primárias e modernas. Todos estes movimentos são objeto deste livro.

Contudo, é necessário precisar que: 1. Existem "sociedades arcaicas" que apresentam alguma forma de escrita, como o Egito de 28 séculos antes da nossa era (Gilissen, 1995); 2. Que é possível reconhecer que as representações *não* alfabéticas fonéticas (outras, como figuras e símbolos geométricos entalhados ou pintados) das sociedades mais arcaicas e mesmo as primevas, não deixam de ser uma escrita (Maias e Incas ou Pataxós (que pintam no corpo)). O que tais sociedades *não têm* é a necessidade de usar quaisquer recursos de forma *escrita em uma sistematização formal* para dispor, instruir, praticar o direito que orienta, controla, organiza e intimida, julga, sanciona e pune em seu seio social. Para efeitos práticos podemos dizer aqui que as sociedades primárias são "sem escrita" (no sentido de *sem registro literário*), e a expressão "direitos dos povos sem escrita" para representar tipos de sistemas jurídicos não codificados e, principalmente, não carentes de um poder autocrático soberano e absoluto.

Também é interessante perceber como outras correntes de pensamento se chocam com as definições da Antropologia para o Direito. Por exemplo, o **contratualismo** tem como premissa que é necessário um terceiro (Soberano – Estado) para garantir a ordem social. Exemplo: Hobbes – absolutismo; Locke – liberalismo; Rousseau – democracia popular.

Para a Antropologia esta premissa é questionável, pois um povo pode criar mecanismos de organização e controle social sem necessidade de *formalização* de regras (pela oralidade) e sem a intervenção de um único poder centralizado e burocratizado (holocracia). De fato, a ideia de "contrato" não existe nas sociedades primárias, os costumes e a relação que "empenha a palavra" são o fundamento da regulação e da ordem coletiva (de certa forma, isto aparece no que chamamos modernamente de Direito Natural, e a prevalência dos costumes na Idade Média europeia é resquício da organização social do direito arcaico desde as sociedades pré-históricas).

Também na visão de Max Weber (1864-1920) encontra-se o mesmo sentido: para ele **Autoridade** e **Poder** são coisas diferentes. Autoridade seria a probabilidade de fazer obedecer, por conveniência, por tradição ou carisma, ou um conjunto destes elementos. Já o poder seria a condição de fazer obedecer mesmo com opiniões em contrário. Assim, podemos imaginar certa **Dualidade** da lei: obediência por necessidade, conveniência ou mesmo senso de justiça; ao mesmo tempo, no entanto, existe um sistema de vigilância e punição aos que desobedecem a certas regras.

Para compreender melhor as definições da Antropologia devemos distinguir *regras primárias e secundárias. Primárias* são as regras que estabelecem os "comportamentos desejáveis" aos indivíduos. *Secundárias* são as regras que partem das primárias, mas vão servir para aplicação de sanções àqueles que não obedecem às regras primárias.

Assim temos como premissas da *Antropologia do Direito* que cada grupo social elabora suas regras a partir de bases sociais próprias em uma relação com a natureza e com outros homens na luta pela sobrevivência, e precisam, portanto, ser entendidas em seu conteúdo social.

Exemplo disto são os Inuit (esquimós do Alasca), que viveram por mais de 3.000 anos sem qualquer contato com o Estado. Particularidade: toda a comida deveria ser repartida, principalmente em épocas de maior dificuldade. "Armazenar comida é crime mortal na visão deste povo"; o crime mortal não era o roubo, mas a ganância, motivo pelo qual mataram várias vezes comerciantes ocidentais que queriam vender comida nos períodos de inverno, quando a comida era mais rara. Matar, assim, era um ato de "justiça" na visão desse povo. Por outro lado, os indivíduos que não podiam produzir comida (caça ou pesca) não deviam comer. Por isso deixavam-se morrer crianças que nascessem no inverno e esperava-se que as pessoas mais idosas, consideradas inúteis, se matassem. Em muitos casos os filhos auxiliavam os pais muito velhos a se suicidar. (Filme: *Balada para Narayama*, de Shohei Imamura, 1983). Para nós trata-se de homicídio qualificado, mas para os esquimós isto era um ato de justiça.

Logo, a grande conclusão da *Antropologia do Direito* é que *não existe universalidade jurídica nas sociedades humanas e tampouco existem leis inúteis ou nocivas nas sociedades primárias.* Como não há formalização da lei, leis desnecessárias se perdem naturalmente com o passar do tempo, motivo pelo qual não existe nenhuma motivação para que sejam feitas. As leis que regulam a vida das sociedades primárias são poucas, passadas de geração em geração pela oralidade e pelos costumes. Quanto à nocividade de uma regra, ela é quase desconhecida entre esses povos, pelo fato de que a sobrevivência individual está submetida ao coletivismo e ao comunitarismo, vez que não existem mecanismos de sobrevivência material que possibilitem a sobrevivência fora do grupo. É de salientar, ainda, que não são comuns mecanismos que obriguem à *arrecadação compulsória de recursos* que venham a ser usados especificamente nas práticas de julgamento e punição.

FUNDO PENITENCIÁRIO

No Brasil existe o chamado Fundo Penitenciário Nacional – FUNPEN que financia as atividades prisionais no País. Os recursos a ele destinados provêm das seguintes fontes: 1. Custas processuais oficiais; 2. Loterias e outros convênios; 3. Recursos financeiros próprios, como no caso das multas sentenciais, apreensões e confiscos; 4. Recursos financeiros indiretos, como o caso de juros e correção de recursos aplicados no sistema financeiro; 5. Doações de entidades nacionais e estrangeiras. Quem administra o fundo nacional é o Departamento Penitenciário Nacional – DEPEN. Cada Estado, por sua vez, possui as Secretarias de Administração Penitenciária, que também recebem o repasse de verbas do FUNPEN. Lei Complementar N.º 79/94 e Decreto Lei N.º 1093/94.

2.1. CARACTERES GERAIS DAS SOCIEDADES PRIMÁRIAS

As sociedades primárias são povos "sem escrita" ou *sem registro literário*. Elas apresentam um direito arcaico, pré-histórico, no sentido que a forma jurídica presente na organização social – ordem, hierarquia, produção, distributividade, casamento, posse – não observa formalidade escrita e designação autocrática de poder, mas os costumes passados geração após geração pela oralidade ou de forma ritualística.

a) Por definição *as sociedades primárias possuem direitos não escritos*. Deriva disto que o nível de *abstração* das regras que se podem considerar jurídicas é limitado. O direito, neste caso, está praticamente imerso na prática de sobrevivência e envolvido pelos costumes. Ele é anunciado aos membros da comunidade de forma **Oral** e muitas vezes em forma de contação de histórias, fatos e lendas. Um longo período levou os grupos humanos a desenvolverem a escrita e a formalizarem por ela as leis. E ainda assim, muitos grupos humanos abdicaram total ou parcialmente de um sistema de registro alfabético ou linguagem verbal e, quando o possuem, a escreverem as regras de convívio e sobrevivência coletiva na forma de institutos jurídicos – tal é o caso das tribos indígenas do Brasil que possuem um alfabeto fonético (de letras e palavras) como o Tupi-Guarani, mas que ainda hoje não possuem nenhum material escrito semelhante a um Código de Leis.

b) *Estes direitos são numerosos*, pois cada comunidade pratica os seus próprios costumes, mais ou menos isoladas que estão em relação a outros grupos. Devido à necessidade de preservação de cada comunidade por seus costumes, os indivíduos de outros grupos são, no mais das vezes, repelidos como "estrangeiros". Todavia, existem comunidades que praticam atos ritualísticos voltados para o convívio e integração comunitária, como no caso dos povos indígenas do Alto Xingu, que fazem uma grande confraternização para festejarem os mortos, o **Quarup** (etnias Kamayurá, Kuikuro, Mehinako, Kalapalo, Matipu, Waurá, Kaiabi, Aweti, entre outras). Embora cada comunidade viva com seus próprios recursos, pela caça, pesca ou aproveitamento de frutos, portanto, de forma autárquica, e apesar de contendas interclânicas e tribais, é possível se observar em alguns casos, com o passar do tempo, a troca entre grupos, ainda assim, sem descuidar de sua própria identidade, costumes e regras de direito.

c) Os direitos dos povos primários são *relativamente diversificados* (Gilissen, 1995). Isto quer dizer que apresentam tanto semelhanças quanto diferenças importantes, quanto à família (mais ou menos solidária), propriedade (mais ou menos comunitária), papel do indivíduo (mais ou menos responsabilidade), educação (com maior ou menor compartilhamento e hierarquização). As semelhanças são melhores observadas pelo pesquisador estrangeiro, uma vez que as diferenças podem ser bastante sutis e de difícil compreensão.

d) Nas sociedades primárias os direitos estão "ainda" fortemente *impregnados pela religião*. A plena distinção entre regras jurídicas e regras religiosas não são fáceis de detectar, uma vez que os indivíduos estão plenamente envolvidos pela compreensão mística dos fenômenos e das forças da natureza. O sobrenatural majoritariamente cria nestas comunidades a coesão de princípios e costumes que se *indiferenciam* em termos de religião, moral, direito, economia etc. De resto, afirma Gilissen (op. cit., p. 35):

> A influência da religião sobre o direito manteve-se de resto em numerosos sistemas jurídicos até nossos dias, por exemplo, nos direitos mulçumano e hindu. Mesmo na Europa Ocidental, a laicização sistemática do direito é um fenômeno relativamente recente que data sobretudo do século XVI; basta lembrar a concepção teocrática do poder, em que o rei era o representante de Deus na terra, ou o papel do Direito Canônico no domínio do casamento e do divórcio. Restam para além disso algumas sobrevivências de elementos religiosos nos sistemas mais evoluídos, por exemplo o juramento que em certos países é ainda baseado na invocação da divindade[1].

No desenvolvimento posterior do Direito é sabida a influência da religião em suas origens, como, por exemplo, as **Ordenações** do Reino de Portugal (e colônias) que vigiram entre 1446 e 1867 (até 1824 no Brasil, data da 1ª. Constituição), citadamente quanto aos "ordálios", quer dizer, julgamento por vontade sobrenatural de Deus, produzindo-se provas e distinguindo-se quem tinha razão através de torturas como água a ferver, fogo, venenos ou duelos.

Todavia, admite-se atualmente que não só da religião provêm as regras jurídicas, contendo o direito das sociedades primárias outras origens não religiosas, mas *filtradas* de forma bastante racional conforme a adaptabilidade do homem ao meio ambiente. Por exemplo, a prática do casamento exogâmico proporciona uma distribuição maior de víveres e, por consequência, a possibilidade de sobrevivência de um número maior de indivíduos, não apenas na mesma comunidade, mas quanto à formação de novos clãs, gens e tribos. De certa forma, o instituto universal do **Incesto** (como veremos adiante), isto é, uma certa forma de proibição de casamento para um "sistema fechado", indica racionalidade para a formação da família bastante consistente com necessidades humanas materiais não sobrenaturais – pelo menos não fundamentalmente religiosas.

Assim, o direito das sociedades primárias, *NÃO é um direito em nascimento*, ele é um "tipo de direito próprio e acabado". O fato

1. O Preâmbulo da Constituição Federal brasileira de 1988 invoca sua promulgação "sob a proteção de Deus".

de distinguir-se mal em muitos casos o que é jurídico e o que não é jurídico (segundo nossa própria concepção, e as diretivas hegemônicas do direito positivo), não é, para a Antropologia moderna, critério suficiente para estabelecer uma hierarquia no desenvolvimento do direito, concepção evolucionista (darwinista) há muito refutada (ver a seguir as Escolas Antropológicas). Tanto quanto mais retroagimos ao "direito primário", mais se vê que o que prevalece – ao largo de sua origem religiosa ou laica –, são "os meios de constrangimento para assegurar o respeito das regras de comportamento" (Gilissen, op.cit, p. 36). No direito arcaico das sociedades primárias ou arcaicas o "justo" é definido por aquilo que interessa à manutenção da coesão necessária à vida da comunidade, e não o que diz respeito aos direitos individuais – os piores atos ilícitos dizem respeito ao que afeta a comunidade, a cidade, o feudo ou burgo.

Na verdade, não é de supor, a menos que nossa concepção de mundo seja alienatoriamente transposta para aquelas sociedades simples, que os indivíduos por aquela educação possam refletir sobre uma distinção importante entre o que é individual e coletivo, ou, o quanto a justiça se faz presente em defender interesses particulares e não primeiramente os coletivos. Basta lembrar como tal *tradição primeva* permaneceu entre os costumes políticos e jurídicos dos povos da Antiguidade, entre os Gregos do século V, ou mesmo os Cristãos da Alta Idade Média, até pelo menos o século XV.

Daí, se por um lado, existe uma grande severidade quanto ao enfrentamento de atos antissociais (o banimento é uma das piores sanções possíveis: o indivíduo dificilmente conseguirá sobreviver sozinho e, sobretudo, porque o indivíduo é *desterritorializado*), por outro lado, existe uma séria tendência a resolver os conflitos através de **Conciliação** no seio do grupo, não por regras jurídicas pré-estabelecidas, mas por acordo entre as partes com concessões recíprocas e sem a presença obrigatória de uma autoridade para o caso julgado. Se o Direito se desenvolveu posteriormente para um sistema formalizado sistemicamente (contudo, não para as sociedades indígenas ainda hoje!), é porque a Lei cresce junto com o aparecimento *de um poder político diferenciado* (do Templo ou do Palácio) possível em determinados contextos, utilizando-se do alfabeto e da escrita mais elaborada.

Por tudo isso, pode-se dizer que *a grande característica legal das sociedades primárias não diferenciadas é a experiência e a relação de sobrevivência do grupo diante da natureza, e não uma refinada e complexa lógica jurídica, como no caso das sociedades com Estado.* Por essas experiências, passadas informalmente ao longo das gerações, *o desvio é muitas vezes caracterizado como feitiçaria* – ou incorporação de espíritos que querem se vingar – *e não de crime.* Diante desses comportamentos disruptivos, as instituições culturais – família, parentes, chefe –, da sociedade agem de forma eficaz e com algum poder para impor sanções e punições aos transgressores, mas, na maioria das vezes, há a preocupação em se deixar espaço para que o indivíduo punido possa se reintegrar ao grupo – justiça "restaurativa" e não apenas "restitutiva". O que não se observa nas sociedades primárias é o caráter da **Funcionalidade** do crime – normalização, prevenção, repressão – como instrumento de convivência a colocar medo pelo exemplo punitivo aos demais indivíduos, típico das sociedades industriais modernas (*cf.* Scuro Neto, *Manual de sociologia geral e jurídica,* 1999, p. 88). *As instituições formais do Estado e seu caráter funcional são apenas algumas formas de julgar e punir, e não as únicas possíveis e existentes nas sociedades humanas.*

Filosoficamente, *o poder e as leis são tão mais legítimos* quanto mais se observam a anuência e a predisposição em obedecer, sem oposição, a eles:

> O cargo de juiz é a posição jurídica mais antiga na sociedade humana; todavia deve-se notar que nas sociedades sem Estado não há mecanismos para executar a decisão do árbitro, como não havia para o Iudex romano. A sua única autoridade é a de um agente da comunidade. Esta última, entretanto, pode ser considerável. Ela própria, a comunidade, pode agir como força policial (Shirley, *op. cit.,* p. 53).

De qualquer forma, essa obediência é sempre apenas uma "probabilidade", como em Max Weber, a ser confirmada cotidianamente pelos indivíduos em relação ao poder dessas regras e leis, e à capacidade de alguém ou alguns coagirem a essa obrigação. Por isso, nas sociedades primárias, a obediência às regras de convívio coletivo não mede apenas a sobrevivência coletiva da comunidade, mas, igualmente, o prestígio e a eficiência dos líderes. E não mede nunca a eficiência de um terceiro, o Estado!

Capítulo

3

PRINCIPAIS ESCOLAS ANTROPOLÓGICAS

Abaixo veremos as principais escolas da Antropologia, tal como foram sendo desenvolvidas pelos antropólogos a partir do século XIX, e algumas das consequências mais relevantes para nosso curso de *Antropologia do Direito.*

3.1. ESCOLA EVOLUCIONISTA

Lewis Henry Morgan (1818-1881) – americano; *A sociedade primitiva* (1877). Estudo dos povos do norte dos Estados Unidos, os iroqueses.

Há cerca de 200.000 anos, a partir de algum lugar no centro da África, o nosso ancestral mais próximo, o *Homo sapiens*, começou a mais fantástica jornada do homem. Há cerca de 10.000 anos essa jornada terminou com os últimos imigrantes que atravessaram o Estreito de Behring (que há milhares de anos atrás unia o continente euroasiático ao continente americano). No entanto, no Parque Nacional da Serra da Capivara, no Piauí, existem fortes indícios de que já havia grupos humanos na América do Sul há pelo menos 20.000 anos, o que contraria as teses de que o homem chegou às Américas há apenas 12.000 anos (em medições feitas por carbono 14 em artefatos de corte de quartzo; no caso de fogueiras e pinturas rupestres, as medições indicam a presença do homem há ainda mais tempo – não foram encontrados fósseis humanos). Por outro lado, sabe-se hoje que descendentes dos primeiros colonizadores da Terra do Fogo (extremo sul da América do Sul) apresentam pouca semelhança com os descendentes de índios americanos, o que leva a supor que seus ancestrais sejam antigos aborígines melanésios (Austrália).

Ao que tudo indica, os primeiros *Homo sapiens* saíram mesmo do continente africano, atravessaram o mar Vermelho (tese comprovada pelo rastreamento de DNA Mitocôndrio – herança feminina comum a todas as linhagens raciais hoje distribuídas por todos os continentes), e a partir daí se espalharam ao longo de milhões de anos por toda a face da Terra. Provavelmente não de uma forma linear e contínua, mas de acordo com as facilidades e dificuldades do meio ambiente que foram encontrando em sua epopeia histórica. Não devemos esquecer que a superfície da Terra sofreu profundas transformações em resultado de fenômenos climáticos (mais continentes unidos e próximos, o nível do mar cerca de 50 metros mais baixo, mar congelado na Era do Gelo), e que, portanto, a locomoção por grandes distâncias estava mais facilitada do que hoje. No entanto, não devemos imaginar uma única rota para nossos ancestrais descendentes de nossa primogênita africana, sendo mais razoável acreditar que os humanos se separaram em várias direções e povoaram todo o planeta em levas irregulares, mas constantes, de acordo com as condições de sobrevivência material.

Mais ou menos nesse sentido se estabelece a primeira escola antropológica moderna, a *Escola Evolucionista*. No século XIX, depois de o movimento mercantilista e imperialista renascentista dos países europeus ter afrouxado seu ímpeto, e na ânsia de ajudar a compreender e organizar o sistema liberal burguês europeu, o caos promovido pelo capitalismo, a Antropologia vai voltar-se para o estudo das comunidades "exóticas" e "selvagens" encontradas nos territórios colonizados. Portanto, a Antropologia científica passa a se interessar pelo *diferente* na ânsia de entender o homem civilizado, industrial, moderno e burguês. E nesse sentido, se, por um lado, não tem a função de ajudar a colonizar e explorar de forma mercantil esses povos, por outro, *tende a ver o homem moderno como continuidade desses povos considerados mais atrasados*. Todas as ciências do século XIX estão voltadas para a tarefa de reorganização sociopolítica dos países industriais e capitalistas – são financiadas por eles. A Antropologia como ciência não escapa a esta intenção.

A *Escola Evolucionista* é fortemente influenciada pelas descobertas das outras ciências, como o caso da biologia. As teses de Charles Darwin (1809-1882), por exemplo, sobre a Evolução das Espécies, a partir de pesquisas efetuadas nas ilhas Galápagos – Oceano Pacífico, hoje pertencentes ao Equador –, influenciaram profundamente as ciências sociais no século XIX, entre elas a antropologia. Darwin concluiu que, para sobreviver, as espécies animais se adaptavam ao meio em que viviam e que os mais fortes seriam aqueles que melhor se adaptassem, e os mais fracos estariam condenados a se extinguir. Pesquisando os animais dessas ilhas, chegou à conclusão de que geneticamente poderiam todos os seres vivos descender de uma única existência microbiana primária e que na luta pela sobrevivência sofreriam sucessivas transformações biológicas de forma que se passaria essa herança genética às próximas gerações. Portanto, essas teses agradavam ao homem europeu, que se enxergava como mais desenvolvido e civilizado, no topo da escala de uma linha de evolução única que selecionava o mais forte. *As comunidades diferentes dos territórios colonizados eram, nesta escala, inferiores e, portanto, passíveis de serem dominadas e exploradas.* Na melhor das hipóteses, essas comunidades inferiores nos mostravam como havíamos evoluído e como poderíamos, se assim o desejássemos, auxiliá-los a se desenvolver para se equipararem a nosso estágio de evolução.

Evidentemente, desde cedo os antropólogos mais isentos e comprometidos com o estudo empírico desses povos perceberam que o "diferente" não evidenciava exatamente "inferioridade", mas sim uma forma específica de se adaptar ao meio natural circundante. Ainda assim, por muito tempo, ficou a ideia que se tivessem condições ambientais propícias, esses grupos humanos avançariam na escala de desenvolvimento técnico e cultural até chegarem ao status dos povos europeus mais desenvolvidos. A *Escola Evolucionista* está profundamente envolvida com esta ideia de que, *em certas condições de convívio com a natureza, os grupos humanos se desenvolvem mais ou menos rapidamente em uma mesma direção, do mais simples para o mais complexo, do inferior para o superior, do atrasado para o desenvolvido, esta direção sempre determinada pelas tecnologias que se conseguem desenvolver na inexorável luta pela sobrevivência material.*

De qualquer forma, em termos científicos, o Evolucionismo confronta o Criacionismo, de cunho religioso, que propõe a existência do homem como criação divina.

Fig. 3.1 – Antropólogo Lewis Henry Morgan.
Fonte: http://www3.rmsc.org/museum/exhibits/online/lhm/LHMmain.htm

3.2. ESCOLA FUNCIONALISTA

Bronislaw Malinowsky (1884-1942) – polonês; *A vida sexual dos selvagens* (1929). Estudo dos aborígines da Melanésia, parte oriental da Nova-Guiné, Pacífico, Ilhas Trobriand. Radcliffe-Brown (1881-1955) – inglês; *Estrutura e função nas sociedades primitivas* (1952). Estudo dos aborígines da Austrália, do Pacífico e da África.

A evidência científica mais importante que os antropólogos descobriram entre as comunidades isoladas é que, exatamente, diferença não é sinônimo de inferioridade nem de atraso tecnológico. Tampouco, estudando com mais profundidade essas comunidades, se pode dizer que, em todos os casos, sua organização social seja simples, muito pelo contrário – neste sentido, o próprio termo "primário", para designar grupos humanos que não apresentam o nível de tecnologias que as sociedades ocidentais apresentam, pode ser impreciso. A *Escola Funcionalista*, ao estudar os povos isolados e dos mais longínquos extremos da Terra, pôde desenvolver uma teoria que aponta para a *determinação da funcionalidade de certas instituições sociais sobre as formas de existência cultural e, portanto, sobre as opções de produção material de sobrevivência. Num certo sentido, esta escola defende a predominância da cultura sobre a economia e a política.*

O mérito do funcionalismo antropológico seja na versão de Malinowsky – relação biológica de parentesco –, ou na versão sociológica de Radcliffe-Brown, foi, sem dúvida, perceber e defender a ideia de que *o desenvolvimento dos grupos humanos está permeado por valores, que constituem uma cultura própria e diversificada,* e que, em última análise, para se entender como esse desenvolvimento se dá é preciso entender as funções das instituições culturais de cada povo, como por exemplo, as formas diversas do parentesco e das funções da família. *A partir dessas funções das instituições culturais é que os grupos humanos vão desenvolver suas estratégias de vida e sobrevivência material,* e que, portanto, existem outras determinações além do simples adaptar à natureza e não uma luta linear de desenvolvimento pela sobrevivência. Em outras palavras, pode ser que determinados grupos humanos isolados, *por suas tradições culturais, não tenham imaginado interesse algum em se desenvolverem do ponto de vista econômico e tecnológico,* e que, portanto, não existe uma relação de inferior e superior, mas *de opções diferentes de sobrevivência a partir de fatores essencialmente humanos,* como, por exemplo, as relações familiares de parentesco e do casamento.

> O funcionalismo supõe então que as várias relações sociais visíveis no seio de uma sociedade formam um sistema, quer dizer, que existe entre elas uma interdependência funcional que lhes permite existir como um todo "integrado" que tende a reproduzir-se como tal, como uma sociedade (Godelier, *Horizontes da Antropologia*, s/d, p. 61).

A crítica que se faz à *Escola Funcionalista* é que, ao privilegiar as funções das instituições socioculturais, de forma idealista se deu autonomia e preponderância desses subsistemas "particulares" (parentesco, religião, economia) sobre as condições concretas de existência em que repousam as particularidades nas quais tais subsistemas executam suas funções e quais as modificações que ao longo do tempo essas instituições apresentam. Não se pode partir do imaginário valorativo de uma comunidade sem que se entenda *qual a relação desse imaginário com as contradições internas dessa comunidade, seja em relação à natureza ou aos outros homens*. Assim, a evolução humana, na visão funcionalista, *parecia ter explicação apenas contingências e acidentes externos ao funcionamento das suas instituições sociais, pois em seu interior as comunidades parecem harmoniosas e incapazes de produzirem litígios, delitos e punições cabíveis.*

3.3. ESCOLA ESTRUTURALISTA

Claude Lévi-Strauss (1908-2009) – belga; *As estruturas elementares do parentesco* (1949). Estudo comparativo de povos da Ásia, Oceania e África.

Viu-se que a *Escola Funcionalista* teve o mérito de, ao subordinar a vida real das comunidades indígenas ao aspecto funcional das instituições culturais (família, religião, economia), reformular a visão de desenvolvimento linear sociobiológico da *Escola Evolucionista*. Dessa forma, sua maior contribuição está em *desobrigar* o desenvolvimento social humano de seguir numa única direção até alcançar obrigatoriamente o estágio mais avançado da civilização, a industrialização burguesa. Assim, as classificações de "selvagem" e "primitivo" deixaram de ter a conotação ideológica e política que levava à dominação e à exploração, bem como a uma missão "evangelizadora" e "civilizatória" desses povos por parte das potências capitalistas e colonialistas. A partir da construção de um desenvolvimento baseado em instituições culturais, determinando a vida social pelas funções que essas instituições desempenham nos grupos humanos, o funcionalismo emprestou uma nova visão a esse "progresso" social: cada grupo humano estabelece funções diferentes para suas instituições culturais, e ao fazer isso se desdobra em inúmeras possibilidades esse devir; o "progresso" passa a ser visto mais como uma opção de valores culturais do que determinação biológica, natural e tecnológica.

No entanto, uma nova visão em antropologia vai levar a considerações "mais profundas": a crítica da *Escola Estruturalista* é que as funções de certas instituições culturais não revelam por si mesmas as combinações e os sistemas decorrentes da organização específica dos grupos humanos. Esse conjunto de relações e formas sociais de existência material é que Lévi-Strauss vai denominar estrutura. *Uma estrutura*, nesta visão, então, *é o conjunto de relações sociais específicas de uma determinada organização da produção para a vida em grupo*, como no caso de parentesco e liderança mágica, que está na origem das funções superficiais observáveis das instituições culturais. Por isso, uma estrutura social não é imediatamente observável, pois ela está no substrato da vida real, como na origem e por detrás da funcionalidade das instituições e dos papéis que os indivíduos representam. *O que o observador vê de imediato é apenas a superficialidade, consequência da estrutura de relações e afinidades que compõem um sistema de organização social.* A verdadeira relação de parentesco, de religiosidade, e mesmo de produção material e econômica está *estruturada* em uma ordenação mental coletiva, um sistema de elementos que abrange toda a coletividade.

Como afirma Godelier na obra *Horizontes da Antropologia:*

> Para os funcionalistas, uma "estrutura" é, portanto, "um aspecto do real", e afirmam a sua realidade fora do espírito humano (...). Para Lévi-Strauss, as estruturas fazem parte da realidade, são a realidade (...). No entanto, para Lévi-Strauss, como para Marx, as estruturas não são realidades diretamente visíveis e observáveis, mas são níveis da realidade que existem para além das relações visíveis dos homens entre si e cujo funcionamento constitui a lógica profunda de um sistema social, a ordem subjacente a partir da qual deve explicar-se a sua ordem aparente (s/d, p. 75).

Lévi-Strauss ainda coloca *três princípios metodológicos* para que o antropólogo possa estudar as sociedades, primevas e outras, do ponto de vista da *Escola Estruturalista:*

a) toda *estrutura* é um conjunto determinado de relações, ligadas umas às outras segundo leis internas que apresentam transformação constante;

b) toda *estrutura* combina elementos específicos que a compõem, e por este motivo, é impossível "reduzir" uma estrutura a outra ou "deduzir" uma estrutura de outra;

c) *estruturas* se unem formando sistemas sociais complexos (parentesco + magia e liderança + produção), através de leis de "compatibilidade", mas que não têm uma origem única e definida (processo biológico de adaptação ao ambiente).

Como se vê, esses "princípios estruturais" apontam para o *dinamismo e múltipla determinação no desenvolvimento dos grupos humanos, construindo uma complexidade tão rica e diversa que é impossível se efetuar qualquer reducionismo a uma única origem, um único caminhar e mesmo uma igualdade de existência entre os grupos humanos.* Neste caso, existe alguma semelhança entre as Escolas Funcionalista e Estruturalista, na medida em que ambas defendem a ideia da necessidade de compreender cada grupo humano pela totalidade e complementaridade de suas instituições e relações recíprocas, e procurar entender sua dinâmica interna antes de analisar sua gênese e evolução (como é o foco da *Escola Evolucionista*).

3.4. ESCOLA ESTRUTURALISTA MARXISTA

Maurice Godelier (1934-0000) – francês; *A produção dos grandes homens:* poder e dominação masculina entre os baruya da Nova-Guiné (1982). Estudo do povo baruya na Nova-Guiné.

Karl Marx, pelo seu materialismo histórico, também já havia chegado à mesma premissa do estruturalismo, quando diz que

> A forma acabada que revestem as relações econômicas, tal como se manifesta à superfície, na sua existência concreta, portanto tal como se representam também os agentes destas relações e aqueles que as encarnam quando tentam compreendê-las, é muito diferente da sua estrutura interna essencial mas oculta e do conceito que lhe corresponde. De fato, ela é mesmo o seu inverso, o oposto (*Contribuição à crítica da economia política*, *apud* Godelier, *op. cit.*, p. 75).

Por outras palavras, pode-se afirmar que as funções de determinadas instituições sociais são a superfície de relações que estão por detrás dessas manifestações culturais e que não são imediatamente percebíveis, e que a ciência, portanto, deve procurar entender antes essas estruturas subjacentes aos fenômenos observáveis.

A *Escola Estruturalista marxista,* no entanto, não entende a estrutura social apenas como princípio basilar da existência de uma sociedade, *mas como relações reais e concretas de produção e sua derivação para todas as demais relações sociais gerais.* De certa forma, a *Escola Estruturalista* reconhece a complexidade e a existência sociocultural e política a partir da estrutura, mas pouco fez para aprofundar os conteúdos dessas estruturas e perceber-lhes as formas e os meios de que se revestem em sua sobrevivência social. A *Escola Estruturalista Marxista* vai além da simples constatação de que a estrutura é o fundamento de todas as superestruturas sociais, e procura revelar como e de que forma essas estruturas se apresentam em termos de organização pela sobrevivência do grupo e como a partir daí as demais concepções superestruturais (religião, cultura e política) lhe são imanentes.

Além disso, o *marxismo antropológico* procura entender o desenvolvimento ulterior dessas estruturas como forma de concluir ou não por um relacionamento de forças e fatores que forçam as superestruturas a se modificar na permanente adequação de suas instituições às estruturas que lhe dão base; *conflitos estruturais entre forças produtivas e relações de produção podem desencadear rupturas profundas na superestrutura dispondo o grupo humano a revolucionar suas instituições.* Esse caminho revolucionário que produz potencialmente novos modos e relações de sobrevivência não é único e não se apresenta de maneira uniforme e semelhante em todas as comunidades, até *mesmo porque nas sociedades primárias instituições superestruturais, como no caso do parentesco, também apresentam funções estruturais de produção.*

A *história*, neste contexto, pode apresentar – e de fato o faz – uma *multideterminação* causal que não encaminha o desenvolvimento social humano de modo linear e semelhante, *nem tampouco determina qual nível ou aspecto social, por exemplo, o aspecto econômico, haverá de determinar preferencialmente mudanças nas formas de reprodução social.* Ainda hoje podemos observar o quanto o aspecto econômico de uma comunidade primária se modificou sem, no entanto, ter revolucionado profundamente a cultura, as normas de convivência e o misticismo desse grupo. Os esquimós Inuit do Alasca, os indígenas Ifugaos das montanhas Luzon, a nordeste das Filipinas, os caçadores Bushman do deserto kalahari, no sul da África, todos utilizam hoje instrumentos de caça e utensílios introduzidos pela sociedade industrial, sem que isso, contudo, tenha provocado mudanças culturais visíveis entre esses grupos cujas normas e hábitos permanecem inalterados desde seus ancestrais.

Fig. 3.2 – Homens Ifugao das Filipinas.
Fonte: http://thomsonodyssey.blogspot.com.br/2008_03_01_archive.html

Se for verdade que nosso tipo de sociedade pode ser descrito por uma *sucessão de modos produtivos*, por uma revolução tecnológica constante das estruturas produtivas e que daí derivam relações sociais e políticas crescentes em complexidade, isto não significa que todas as sociedades primevas contenham em si o germe desse mesmo desenvolvimento, mas tão somente que, de uma forma ou de outra, as estruturas são subjacentes à realidade cultural, política e religiosa, e que essas instituições superestruturais acomodam-se àquelas estruturas e com elas formam uma totalidade teórico-prática de reprodução social. Por exemplo, pode-se aventar a hipótese de que o sedentarismo, produto da dominação das forças da natureza, colabora para a instituição do poder e da dominação/exploração do homem pelo próprio homem – uma derivação da fixação humana é a organização política e hierárquica duradoura.

Assim, na base de toda a civilização moderna, está o sedentarismo e a fixação do homem em um território definido; mas, por outro lado, *não podemos dizer que todo o grupo humano que se estabeleceu em determinado território desenvolveu obrigatoriamente o gosto pela dominação e pelo poder e abandonou a magia para se submeter à religião e ao Estado*. É o caso dos índios guayaki, uma linhagem tupi-guarani que vive no nordeste do Paraguai, que são sedentários, mas continuam coletores-caçadores e não têm nenhuma aptidão para o poder.

Capítulo

4

O HOMEM E O CAMINHO DA DOMINAÇÃO

A construção do homem pode ser resumida em **Trabalho**. O trabalho é para o homem seu "inferno" e seu "paraíso". Mesmo nas teorias "criacionistas" – a criação divina –, o trabalho aparece como fundamento de sua ontologia – a construção de seu ser. Pelo trabalho os hominídeos, ancestrais dos humanos, se transformaram ao longo de milhões de anos e puderam produzir a humanidade tal como a conhecemos em nossos dias – teoria evolucionista.

Há cerca de 6 milhões de anos surge o primeiro hominídeo bípede na África: *Orrorin tugenensis*. Há cerca de 3 milhões de anos surge o *Australopithecus*, descendente de Lucy (3,2 milhões de anos), provavelmente nossa mãe ancestral, que já possuía habilidades inteligentes. Há cerca de 2,5 milhões de anos surge o gênero Homo ao qual pertencemos: *Homo habilis* – cerca de 2,5 milhões de anos; *Homo erectus* – cerca de 2 milhões de anos; Homem de neandertal – desde 400 mil anos; *Homo sapiens* – desde 300 mil a 200 mil anos. Os neandertais extinguiram-se há cerca de 28 mil anos, portanto conviveram com os sapiens quando estes, saindo da África, chegaram à Euroásia, há cerca de 45 mil anos. Os humanos modernos não africanos possuem até 2,6% dos genes neandertais, em mais de 30% do genoma dos homens atuais. Os neandertais possuíam cultura "sofisticada" chamada de *cultura musteriense*, produziam ferramentas, usavam o fogo, cuidavam dos doentes e cultivavam aspectos espirituais como demonstram recentes descobertas de suas sepulturas. Por razões ainda não totalmente esclarecidas, os neandertais se extinguiram, provavelmente devido a doenças patógenas surgidas no planeta, erosão genética (quando os genes únicos do organismo se perdem por dificuldades de reprodução) e possivelmente competição com o *Homo sapiens*.

Saídos da África pela primeira vez entre 120 mil e 90 mil anos, os sapiens chegaram à Oceania por volta de 50 mil anos, e povoaram o norte da Ásia (Sibéria atual) entre 25 mil e 20 mil anos (BBC Mundo, 2022). Dois grupos de sapiens, os norte-siberianos e os asiáticos do leste, convergiram e atravessaram a ponte terrestre de Bering entre 22 mil e 18 mil anos; desta união surge originariamente o povoamento das Américas. A partir daqui tem-se duas explicações para tal povoamento: a primeira, mais recente, conhecida como "tese de povoamento precoce", que defende que isso aconteceu há cerca de 30 mil ou 25 mil anos; a segunda, conhecida como "tese de povoamento tardio", segundo a qual isso teria acontecido entre 12 mil e 14 mil anos. Esta última é a explicação mais aceite, também conhecida como "modelo de Clóvis". Os Clóvis foram considerados desde meados do século XX como o povo mais antigo das Américas – pontas de ferramentas de pedra lascada ("pontas de clóvis") datam de cerca de 13 mil anos e encontram-se espalhadas em vários sítios da América do Norte. No entanto, recentes pesquisas arqueológicas e por rastreamento de DNA, parece indicar que este povoamento pode ter acontecido bem antes – achado recente de pegadas humanas em um lago do Novo México (EUA), em setembro de 2021, têm mais de 20 mil anos, e reforçam não só o povoamento precoce como também que esse povoamento pode ter sido feito pelo mar, margeando a costa da América desde o Alasca (BBC Mundo, 2022).

Em 2014 o Instituto Nacional de Antropologia e História do México (INAH) já havia divulgado o achado do esqueleto de uma jovem entre 15 e 16 anos, chamada de Naia, em uma caverna inundada na Península de Yucatan, Hoyo Negro, cuja data aproximada está entre 12 mil e 13 mil anos. Estudos genéticos permitiram confirmar sua linhagem asiática beringio (referência à ponte terrestre do Estreito de Bering), o que, no entanto, reforça a "tese do povoamento precoce", pois é pouco provável que o povo Clóvis tenha povoado os dois lugares tão distantes praticamente ao mesmo tempo. Porém, existem outros indícios bem documentados (Inverse, 2020) de esqueletos humanos no mesmo lugar, que apontam para a possibilidade de que as Américas tenham sido povoadas por diferentes grupos ou que grupos estejam no continente americano há bem mais tempo do que se afirmava, como no caso de diferenciação de crânios e dentes e até mesmo a descoberta de um assentamento humano na Patagônia, bem ao sul da América do Sul, há pelo menos 18,5 milhões de anos. No Brasil foram encontrados artefatos de quartzo, no Parque Nacional da Serra da Capivara, Piauí, que datam de mais de 20 mil anos; estes instrumentos são a prova do mais antigo registro de seres humanos no nosso continente – até hoje a data mais aceita para a chegada do homem às Américas gira em torno de 15 mil anos (sítio arqueológico de Monte Verde, no Chile).

Desde os estudos de Charles Darwin, no século XIX, até hoje, a antropologia e as demais ciências parecem confirmar a epopeia humana e evolução a partir de circunstâncias de necessidade de sobrevivência material e adaptação à natureza. Essa adaptação e esforço de sobrevivência foram alimentados *concomitantemente* por diversos fatores.

4.1. O *HOMO SAPIENS*

A *liberação das mãos* é a primeira tarefa "humana"; essa tarefa consistiu em livrar os membros superiores e as mãos, provavelmente, de suas funções animalescas de auxílio à locomoção, tanto no chão como pelas árvores. Livres, as mãos desenvolveram-se para proporcionar firmeza e habilidade para outras coisas além de locomoção. Para isso os nossos ancestrais mais "animalescos" precisaram desenvolver a habilidade de se equilibrarem apenas nos dois membros inferiores, as pernas. Assim, na medida em que essa aptidão para andarem de forma ereta se desenvolveu, mais e mais as mãos puderam especializar-se em outros trabalhos, como a *manipulação planejada* – na medida em que esses objetos pudessem ser úteis para atividades posteriores –, de objetos encontrados na natureza. Obviamente, esse esforço e essa transformação fisiológica e fisionômica exigiram um esforço no *desenvolvimento cerebral.*

A segunda tarefa "humana" é a produção da *linguagem*. A linguagem exige, para o homem, de um lado, um *aparelho vocal* apropriado, de outro lado, a *produção abstrata de símbolos*. O homem não é o único animal que se comunica com os de sua espécie. Mas é o único que o faz através de um conjunto de signos *elaborados abstratamente* na ânsia de traduzir o meio que o rodeia, a natureza e a relação com seus semelhantes. E é o único que sente a necessidade de *registrar* as experiências de sua vida – a *sua cultura*. Em todas essas situações, e para que elas sejam possíveis, é necessário trabalho e desenvolvimento cerebral. A *cultura* é, como se viu, um conjunto de valores significativos introduzidos na coletividade a partir da necessidade humana de interpretar a sua relação com a natureza e com os outros homens.

Como consequência desse esforço, da necessidade de sobrevivência, da necessidade da sobrevivência pelo trabalho, e, ao mesmo tempo, como impulsionador desse crescimento, o *cérebro humano* desenvolve-se e provoca alterações fisionômicas nos humanos. Mas para que o cérebro se desenvolva e possibilite a manifestação de todas essas capacidades, é necessário que seja nutrido, alimentado com certos nutrientes em quantidades e valores nutricionais adequados. Para a eclosão da humanidade, milhões de anos atrás, a par ou não da escassez de grãos, vegetais e frutos coletados, o desenvolvimento dos hominídeos foi através da dieta carnívora[1].

A introdução da carne na dieta humana não é de surpreender, a não ser pelo fato de poder até mesmo chegar ao canibalismo. Na verdade, quando o europeu chegou a territórios desconhecidos, nos séculos XVI, XVII e XVIII, encontrou práticas de canibalismo nas sociedades primárias das Américas, da África e da Oceania (oceanos Índico e Pacífico). Diante desse "horror selvagem", as potências imperialistas da época, através de estudos pouco participativos e incursivos nessas sociedades, aprofundaram a ideia de que as práticas de canibalismo estavam ligadas a uma ideia de incorporação mística do espírito guer-

---

1. O *Homo erectus* surgiu na África há cerca de 2 milhões de anos, se espalhou por outros continentes e só foi extinto após mais de 1,5 milhão de anos. Ele tinha corpo e cérebro maiores que seus ancestrais, mas apresentava dentes menores, músculos faciais menores e estômago reduzido. Um corpo e cérebro maiores exigem mais consumo de energia; como ele conseguiu isso com aparelho digestivo menor? A explicação está no uso de carne na dieta e o cozimento de alimentos, que facilita a mastigação e digestão. Logo, pode-se dizer que a diminuição do aparelho digestivo foi compensada com maior valor energético através do uso de ferramentas e ingestão de carne (Folha de São Paulo, Caderno Ciência + Saúde: 10 de Março de 2016).

reiro do inimigo e que essa força lhes seria acrescida se comessem esse inimigo derrotado. No caso, por exemplo, dos índios Tupinambás do litoral brasileiro, essa explicação tem razoável razão de ser, na medida em que nossos índios não tinham dificuldade de obter caça – ainda que não exista nenhum motivo para desperdiçar uma fonte disponível de proteína animal. Mas, quando, no século XIX, os colonizadores contataram os aborígines da Nova-Guiné, no sul do oceano Pacífico, observaram que essas tribos não só comiam seus inimigos derrotados, como os próprios membros da tribo, parentes e familiares próximos (como os *Fore* e os *Sawi*). Neste caso, estava-se diante de uma prática inequívoca de acrescentar valor proteico a suas dietas em um ambiente escasso de proteína animal. Os Fore começaram a adoecer por praticar o "endocanibalismo", contraindo uma doença que hoje a ciência chama de priônica (provocada pela alteração do código do DNA), cujo efeito é o *kuru*, ou a "morte sorridente". Com toda certeza, a solução de comer carne humana remota a nossos ancestrais de milhões de anos atrás, prática essa que só foi abandonada em 1960 pelos Fore, não por obediência às proibições legais do Estado, mas por estarem morrendo.

Fig. 4.1 – Homens Tupinambá pintados – Brasil.
Fonte: http://www.historiadigital.org/curiosidades

Portanto, o desenvolvimento do cérebro humano e a possibilidade de desenvolver uma cultura como *Homo erectus* são, nesse sentido, uma tarefa humana, a terceira tarefa em que nossos ancestrais tiveram de ser bem-sucedidos. As práticas antropofágicas encontradas amiúde entre as sociedades primárias em vários continentes não são apenas manifestações culturais de caráter místico, mas práticas inventivas que proveem os homens de nutrientes necessários ao seu desenvolvimento e sobrevivência. Além dos Tupinambá, os Fore e Sawi (os heróis são homens que faziam amizades com o expresso propósito de mais tarde trair os amigos para matá-los e comê-los – a expressão *sawi* para essa prática é "engordar com amizade para a matança"), e ainda os astecas ("exocanibalismo" – sacrificavam seus prisioneiros de guerra e comiam alguns deles e outras vítimas).

4.2. NATUREZA, PROIBIÇÃO DE INCESTO E RECIPROCIDADE

A *dominação da natureza* está relacionada com o trabalho humano, que começa pela elaboração de instrumentos. Esta é a quarta tarefa do desenvolvimento humano. Os primeiros instrumentos fabricados pelos homens estão ligados à caça e à pesca. A partir daí não parou mais de fabricar. A relação dialética do homem com a natureza impõe-lhe incessantemente a elaboração de novos instrumentos e formas de trabalho. A cada necessidade suprida, nova necessidade se lhe apresenta; a cada solução de sobrevivência, portanto, nova solução há de ser desenvolvida. Impulsionado por esta espiral de problemas a serem superados, ao homem só lhe restam a criatividade e o trabalho, e sua sobrevivência pode se verificar em qualquer parte da terra e em ambientes mais inóspitos – hoje, mesmo fora do planeta. Mas essa sobrevivência tem um preço: a dominação da natureza, extraindo dela os meios de vida. Diferentemente dos demais animais e seres vivos, o homem não apenas se serve dos meios naturais colocados à sua disposição, mas pode, em vez de se adaptar a ela, adaptá-la a ele. A agricultura é um trabalho que exige conhecimento da natureza e ao mesmo tempo intencionalidade e planejamento para que essa natureza lhe sirva de suprimento. Por esse motivo, em sua grande maioria, as comunidades que se dedicaram à agricultura estabeleceram-se e adotaram o sedentarismo; igualmente, de modo geral, as comunidades nômades são especialmente caçadoras e coletoras. Isso, no entanto, não significa que não existam sedentários caçadores e coletores (Guayaki) ou nômades que pratiquem algum tipo de agricultura (Mbyá – Argentina/Paraguai; Wolof e Serer da Somália).

À caça e à pesca veio juntar-se a agricultura, e mais tarde a fiação e a tecelagem, a elaboração de metais, a olaria e a navegação. Ao lado do comércio e dos ofícios apareceram, finalmente, as artes e as ciências; das tribos saíram as nações e os Estados. Apareceram o direito e a política, e com eles o reflexo fantástico das coisas no cérebro do homem: a religião. (In Engels, "Sobre o papel do trabalho na transformação do macaco em homem", *Obras Escolhidas*, s/d, p. 275). Lentamente o homem cria a civilização. Mas não a cria de forma única; como vimos a criação do Estado não é característica, nem é desejável, em sociedades primárias. O direito e a política nessas sociedades não apresentam semelhanças com as instituições ocidentais modernas. E a religião, no sentido moderno de seitas e Igrejas, jamais foi concebida como necessária pelos povos indígenas; o misticismo e a religiosidade das sociedades primárias devem-se à natural incompreensão das forças da natureza e das motivações da existência humana e sua relação fantástica com essas forças naturais. Nesse sentido, muitos dos simbolismos e valores das sociedades primárias ainda permanecem ligados a essas forças naturais, pois não existe, para eles, a necessidade de desvendamento além da simples e necessária obediência às leis da natureza. E muitos desses mesmos valores se consolidaram nas culturas mais diferenciadas e complexas, como alguns tabus, como o do incesto, que provavelmente está presente em todas as sociedades a partir do fato de que da incompreensão da própria reprodução humana o homem preferiu partilhar com os outros, doando os filhos para se acasalarem, da mesma forma que se doou o fogo enquanto não se compreenderam sua origem e produção.

> Mas esta união não é estática nem arbitrária, e desde que se estabelece a situação total aparece completamente modificada. Com efeito é menos uma união do que uma transformação ou passagem. Antes dela a cultura ainda não está dada. Com ela a natureza deixa de existir, no homem, como um reino soberano. A proibição do incesto é o processo pelo qual a natureza se ultrapassa a si mesma. Acende a faísca sob a ação da qual forma-se uma estrutura de novo tipo, mais complexa, e se superpõe, integrando-as, às estruturas mais simples da vida psíquica, assim como estas se superpõem, integrando-as, às estruturas, mais simples que elas próprias, da vida animal. Realiza, e constitui por si mesma, o advento de uma nova ordem (Lévi-Strauss, *As estruturas elementares do parentesco*, 1982, p. 63).

Entre nós, no entanto, que temos a necessidade de ir sempre além na *complexidade-simplicidade* da vida e do universo, as respostas mais fundamentais ainda não foram respondidas, se é que algum dia o serão. A nossa inquietude e angústia ilimitada pelo saber encontraram, diante das não respostas, primeiro na religião, depois na ciência, as respostas indecifráveis de nossa existência e do cosmos. Para o indígena estas respostas estão pacificamente circunscritas à sua relação mais harmoniosa e cúmplice com a natureza; uma relação que evita sentimentos de exploração e dominação.

> A imagem da terra como organismo vivo e mãe nutriente serviu como restrição cultural, limitando as ações dos seres humanos. Não se mata facilmente uma mãe, perfurando suas entranhas em busca de ouro ou mutilando seu corpo. (...) Enquanto a terra fosse considerada viva e sensível, seria uma violação do comportamento ético humano levar a efeito atos destrutivos contra ela (Carolyn Merchant, The death of nature. *Apud* Capra, *O ponto de mutação,* s/d, p. 56).

E então, diz-nos Fritjof Capra:

> Essas restrições culturais desapareceram quando ocorreu a mecanização da ciência. A concepção cartesiana do universo como sistema mecânico forneceu uma sanção "científica" para a manipulação e a exploração da natureza que se tornaram típicas da cultura ocidental. (...) Em sua tentativa de construir uma ciência natural completa, Descartes estendeu sua concepção mecanicista da matéria aos organismos vivos. Plantas e animais passaram a ser considerados simples máquinas (...). No que dizia respeito ao corpo humano, era indistinguível de um animal-máquina. Descartes explicou em detalhe como os movimentos e as várias funções biológicas do corpo podiam ser reduzidos a operações mecânicas, a fim de mostrar que os organismos vivos nada mais eram do que *automata* (Capra, *op. cit.*, p. 56-57).

Podemos, portanto, aferir que o conhecimento potencializa enormemente a dominação e a exploração da natureza pelo homem e do homem pelo próprio homem: quando conhece não respeita a natureza, domina-a; quando conhece não doa mais, negocia, troca, vende; quando conhece passa da exploração e dominação da natureza para a exploração do seu semelhante; do natural ao industrial, do mito à religião, da tolerância ao interesse; da regra ao poder, da repartição à propriedade e desta à propriedade privada.

Para evitar isto as sociedades primárias desenvolvem toda uma série de mecanismos socioculturais, entre eles a universalidade da **Proibição do Incesto**; em qualquer forma em que ela se apresente, é a preventiva criatividade cultural humana a criar a necessária **Reciprocidade**. Ao casar homens e mulheres, independentemente da forma, obrigo a relações exógenas, ou seja, àquelas que me obrigam a conviver por direito e por obrigação com os outros. A forma como esse relacionamento e reciprocidade se verificam pode assumir qualquer forma de casamento, consanguíneo ou não, desde que pela reciprocidade se evitem a dominação e a concorrência entre os membros da comunidade. Esta é a verdadeira função das relações de parentesco fundamentadas em algum tipo de *proibição de incesto. O universal nas sociedades primárias não é a forma como essa "proibição" está dada, mas o fato de que alguma "proibição" reforça a reciprocidade pelos laços de parentesco entre indivíduos de famílias diferentes.* Isto se verifica pela mesma circunstância prescritiva da normatividade, ou seja, a norma ao ser negativa também é positiva, pois tem um papel fundamental na sociabilidade do grupo, *já que ao proibir algo ela obriga positivamente a outro tanto.*

4.3. FAMÍLIA E CASAMENTO

A **Família** é considerada, em geral, o fundamento universal das sociedades. Se por um lado a família é uma instituição que se encontra em todos os agrupamentos humanos, por outro, ela varia em sua estrutura e funcionamento. Por exemplo, a Antropologia acabou por constatar que nem sempre ela é a maior responsável pela educação e proteção da criança e do jovem, ficando muitas vezes tal função a cargo da comunidade como um todo ou de um parente mais distante. Neste caso a família não se constitui propriamente como uma instituição do controle social, exercendo mais um papel reprodutivo e econômico voltado principalmente para a manutenção do grupo.

Por outro lado, também se constata que apesar da família ser universal, o casamento apresenta uma variedade importante, o que significa de fato algum tipo de "interdição" em todos os agrupamentos humanos. Quer dizer, algum tipo de **incesto** sempre é encontrado quando se refere a algum tipo de proibição de casamento. Assim, as relações de parentesco são controladas, refletindo diretamente no direito familiar das sociedades primárias, tal qual acontece com as sociedades do tipo Estado. Propriedade e Herança são os grandes pilares sociais de todo Direito nas sociedades humanas e qualquer ordenamento jurídico humano passa pela necessidade desse tipo de regulamento. O fato das sociedades primárias em muitos casos evitarem acumulação de excedentes econômicos, não significa que não exista uma preocupação com a herança, mas simplesmente que essa herança adquire importância diferente da nossa, por exemplo, a herança educacional é mais importante que a econômica.

4.3.1. Tipos de Família

A família, de acordo com a organização do casamento, pode ser classificada como Elementar, Extensa, Composta, Conjugada e Fantasma (Marconi; Presotto).

Elementar: A família elementar é composta pelo homem, sua esposa e seus filhos. Ela é a forma mais comum, mas também a mais efêmera, visto que à medida que os filhos crescem e saem de casa o "núcleo" familiar tende a se extinguir. O mesmo acontece com a morte dos pais. Os Inuit, esquimós do Alasca, são exemplo dessa realidade. A relação entre homem e mulher nem sempre se apresenta de forma "oficial", ou seja, o casamento. Quando acontece o concubinato ainda assim pode existir a estrutura familiar. Assim, se há uma união permanente e duradoura entre o casal, antropologicamente a família elementar existe.

A família elementar é encontrada também como componente nos tipos extensa e composta.

Extensa: A família extensa ou múltipla é aquela formada por duas ou mais famílias nucleares, ligadas por laços consanguíneos que obrigam a determinados deveres e outorgam direitos mútuos reconhecidos. Estas famílias podem estabelecer laços próximos da linha masculina – Patriarcado, ou pela linha feminina – Matriarcado.

Além dos pais e filhos, a família extensa pode abranger avós, tios, sobrinhos, primos, afilhados etc. Assim comportam a maioria das sociedades ocidentais, mas encontramos essa mesma multiplicidade em sociedades sem Estado, como os Nyae Nyae da Namíbia. Obviamente que aqui a linhagem está diretamente ligada à herança material e cultural.

PARENTESCO

O Código Civil Brasileiro estabelece no Livro IV – Direito de Família, o seguinte: Art. 1591: "São parentes em linha reta as pessoas que estão umas para com as outras na relação de ascendentes e descendentes." Art. 1592: "São parentes em linha colateral ou transversal, até o 4º grau, as pessoas provenientes de um só tronco sem descenderem uma da outra". Art. 1593: "O parentesco é natural ou civil, conforme resulte de consanguinidade ou outra origem".

Composta: A família composta ou complexa é formada por três ou mais cônjuges e seus filhos. De forma geral este tipo de família é poligâmico, como os Baganda de Uganda e Tanala de Madagáscar. Mas pode existir tal estrutura em sociedades monogâmicas, quando, por exemplo, existe um segundo casamento dos pais. Neste caso existem dois pais – um deles o padrasto, ou duas mães – uma delas a madrasta e os enteados. Neste caso o filho/enteado é herdeiro apenas dos pais biológicos, não dos adotantes (padrasto ou madrasta).

Também existe esta estrutura familiar quando uma criança é adotada por um casal, pois a sua relação consanguínea a protege ao longo de toda a sua vida. Assim, se uma criança adotada vier a ser reconhecida como filha biológica de um outro casal, ela é herdeira tanto da família adotiva como da família biológica.

EQUIPARAÇÃO DE FILHOS

Na Constituição Brasileira de 1988, Art. 227, Parág. 6, afirma: "Os filhos, havidos ou não da relação do casamento, ou por adoção, terão os mesmos direitos e qualificações, proibidas quaisquer designações discriminatórias relativas à filiação".

Conjugada-Fraterna: A família conjugada-fraterna refere-se a uma unidade composta de dois ou mais irmãos, suas respectivas esposas e filhos. Neste caso duas crianças poderão ser irmãs e primas ao mesmo tempo. Aqui o laço de união é consanguíneo.

Este tipo de estrutura familiar não é desconhecido nas sociedades ocidentais e tem sido uma prática importante para evitar a distribuição de riqueza por herança com outras famílias. Prática milenar, por exemplo, quando dois irmãos casam com duas irmãs, ou um deles desposa a irmã de sua ex-esposa.

Fantasma: A família é constituída por uma mulher casada e seus filhos e o "fantasma". Na verdade esse "fantasma" é o tio, irmão mais velho da mulher, que desempenha o papel de "pai social", enquanto o marido da mulher – pai biológico – tem apenas a função reprodutiva. Como pai social o tio materno é o responsável pela educação e herança cultural e material de seus sobrinhos. De forma geral, porém, nos agrupamentos humanos onde existe tal tipo familiar, a responsabilidade pelas crianças é de toda a sociedade, como é o caso dos Nuer do Sudão do Sul e Etiópia.

Fig. 4.2 – Homens Nuer (Sudão do Sul).
Fonte: https://matricien.org/societes-gentilices/democratie-confederale-nuer/

Devido a essa estrutura familiar, é proibido o casamento e relações íntimas entre tios e sobrinhos, mais do que entre pais e filhos, o que demonstra que a Proibição do Incesto é atributo cultural da sociedade e não um mecanismo biogenético ou espiritual.

É importante salientar que mesmo entre nós é comum que o tio materno tenha certa ascensão sobre os sobrinhos, os filhos de sua irmã.

PODER FAMILIAR

O Código Civil Brasileiro estabelece, com relação ao poder familiar, em seu Art. 1634 (Redação dada pela lei nº 13.058, de 2014): "Compete a ambos os pais, qualquer que seja a sua situação conjugal, o pleno exercício do poder familiar, que consiste em, quanto aos filhos: I – dirigir-lhes a criação e educação; II – exercer a guarda unilateral ou compartilhada nos termos do art. 1584; III – conceder-lhes ou negar-lhes consentimento para casarem; IV – conceder-lhes ou negar-lhes consentimento para viajarem ao exterior; V – conceder-lhes ou negar-lhes consentimento para mudarem sua residência permanente para outro Município; VI – nomear-lhes tutor por testamento ou documento autêntico, se o outro dos pais não puder exercer o poder familiar; VII – representa-los judicial e extrajudicialmente até os 16 anos, nos atos da vida civil, e assisti-los, após essa idade, nos atos em que forem partes, suprindo-lhes o consentimento; VIII – reclamá-los de quem ilegalmente os detenha; IX – exigir que lhes prestem obediência, respeito e os serviços próprios de sua idade e condição".

4.3.2. Funções da Família

A família, presente em todos os agrupamentos humanos, apresenta funções específicas e complementares na sobrevivência dos seus membros e da coletividade. As funções que a família desempenha são decorrentes das características que o grupo apresenta na sua luta pela sobrevivência de todos os indivíduos, envolvendo a produção material (os bens necessários para se manterem vivos e reproduzirem-se, compreendendo as ferramentas de trabalho e os utensílios) e cultural ou espiritual. A necessidade de produzir as formas e os meios de trabalho implica, concomitantemente, produzir certas relações pessoais para esse trabalho – relações de produção, relações, essas, que estão já na base de todas as relações sociais mais abrangentes, portanto combinadas por toda a cultura do grupo. Grosso modo, pode-se afirmar que a macrofunção da família é a formação do indivíduo concernente ao seu grupo social.

DEVERES DA FAMÍLIA

A Constituição Federal pátria estabelece em seu Art. 227, os deveres da família e suas funções, ainda que não exclusivamente desta, da seguinte forma: "É dever da família, da sociedade e do Estado assegurar à criança, ao adolescente e ao jovem, com absoluta prioridade, o direito à vida, à saúde, à alimentação, à educação, ao lazer, à profissionalização, à cultura, à dignidade, ao respeito, à liberdade e à convivência familiar e comunitária, além de colocá-los a salvo de toda forma de negligência, discriminação, exploração, violência, crueldade e opressão".

As funções da família podem ser identificadas amplamente no preceito constitucional, e serem classificadas em Sexual, Reprodução, Econômica, Educacional e de Proteção.

Sexual: A função sexual não deve ser confundida com a Reprodução, ainda que sejam próximas. A função sexual não está necessariamente relacionada com o interesse e necessidade reprodutiva do grupo, mas aos relacionamentos fora da união ou casamento dentro de regras definidas e institucionalizadas. Estas relações muitas vezes acabam por gerar uniões ou casamentos, e podem ser necessárias apenas para definir o pai legal da criança dentro da união (Nuer).

Existem casos, porém, em que as relações sexuais são permitidas entre solteiros e de forma extraconjugal, como é o caso dos Wodaabe da Nigéria, que em um festival anual são ornamentados por suas esposas e com seu consentimento tentam seduzir as jovens moças da tribo.

Reprodução: A função reprodução visa especificamente à perpetuação da espécie através da prole, e se, relações extraconjugais podem ser aceitas, dificilmente a reprodução, a geração de filhos é aceita fora do casamento e da família.

Econômica: Pretende assegurar o sustento e a sobrevivência material da vida da mãe e dos filhos, mas sabemos que muitas vezes esses cuidados podem ser supridos não só pelo pai-marido mas pelos parentes consanguíneos. Do ponto de vista econômico a **Divisão do Trabalho Social** está ligada à forma como as tarefas são distribuídas entre os membros da família repetindo-se por todo o grupo. Esta divisão do trabalho no seio da família acaba alimentando a **Solidariedade** entre os indivíduos pois cada conjugue tem o direito e a primazia se usufruir dos mantimentos, serviços, bens e propriedades do outro.

Educacional: Visa primordialmente a passar para as crianças os valores, as crenças, as tradições, os meios e formas e sobrevivência do grupo, o status político dentro do grupo e criar para essa criança a noção e as regras da vida coletiva. Como todas as coisas são bens culturais, também pode-se afirmar que a função educacional é cultural em sua essência. Esses valores podem ser passados diretamente pelos pais biológicos, ou por familiares da linha consanguínea. Muitas vezes, porém, o grupo define personagens que se dedicam a essa função, como os anciãos da tribo, ou os professores no caso de nossas sociedades.

Pode-se ainda separar a função educacional em dois subgrupos:

- *Socializadora ou Endoculturação:* quando a família transfere o conhecimento comum ao grupo, sua linguagem, usos, costumes, valores, crenças.
- *Social ou Exoculturação:* quando a família ensina sobre status étnico, religioso, político, de classe e poder.

Proteção: A família, de forma geral, tende a proteger seus membros, defendendo-os mesmo quando são culpados ou não têm razão em desentendimentos e atos ilícitos. *Portanto, a família também transfere para as crianças e jovens, elementos que lhe darão a noção de* *punição, envolvendo os indivíduos com as noções pertinentes à esfera jurídica.* Em alguns casos essa defesa é uma questão de Honra, uma questão de Sangue, e os membros são protegidos a qualquer preço e custe o que custar (Famílias Mafiosas). Mas em outros casos essa proteção tem limites e pode não passar de simples solidariedade ou ser insignificante.

A **Recreação** também deve ser assegurada pela família, pois tais atividades são fundamentais à formação do indivíduo, e são igualmente construções sociais específicas.

4.3.3. Regras e Modalidades de Casamento

As regras de união entre indivíduos com vistas à formação da família, dizem respeito às possibilidades dos membros de um agrupamento humano procurarem e se interessarem em contrair relações sexuais e amorosas. De forma universal, devido à necessidade da reprodução e sobrevivência da espécie, essa aproximação se dá entre sexos opostos – homem e mulher. Daí é natural se pensar que a preferência sexual do indivíduo está fortemente moldada por essa necessidade reprodutiva, levando que indivíduos sejam educados conforme seu sexo. Assim é que existe um repertório de funções da família a induzir meninos e meninas a se comportarem de acordo com padrões sexuais definidos, e relacionarem sexualmente, quando adultos, com indivíduos de sexo oposto.

No entanto, é *sui generis* que a antropologia relate exemplos de tolerância com relação a esse comportamento em sociedades primárias, por princípio mais coercitivas educacionalmente, como é o caso dos Guayaquil, índios do Equador, onde foi verificado que um índio do sexo masculino preferia se comportar como mulher, carregando o "cesto" de coleta – atribuição feminina –, invés de manusear o "arco" do caçador – atribuição masculina (Pierre-Clastres: *A Sociedade contra o Estado, 1978*). É de se notar que a coletividade aceitou a mudança de comportamento sem restrições, haja vista que esse indivíduo continuou inserido na reprodução da vida coletiva cumprindo um dos papeis da divisão do trabalho social.

Tal exemplo (conferido pelos antropólogos em 1966) só encontra amparo legal nos dias atuais, na sociedade brasileira, com absolutas ressalvas de cunho moral por parte dos cidadãos e entidades mais conservadoras, vendo na possibilidade de união entre indivíduos do mesmo sexo verdadeiro descaminho e malefício social.

UNIÃO HOMOAFETIVA

Dispôs, no entanto, provimento favorável o Supremo Tribunal Federal, quanto à Ação Direta de Inconstitucionalidade, nº 4277, de 05 de maio de 2011, "Declarar o reconhecimento da União entre pessoas do mesmo sexo como entidade familiar e estender os mesmos direitos dos companheiros de uniões estáveis aos companheiros nas uniões entre pessoas do mesmo sexo".

a) Em relação às *Regras de Casamento*, definimo-las como Endogamia, Exogamia e Pré-marital.

Endogamia: Aqui o indivíduo é obrigado a escolher seu cônjuge ou parceiro dentro do mesmo grupo ou em um grupo a que pertença. O grupo a que pertence pode, contudo, variar de definição: mesmo local, mesmo parentesco, mesmo *status*, mesmo grupo étnico, religioso etc. Exemplo típico de endogamia são as castas da Índia, mas igualmente nas sociedades ocidentais entre os Judeus ortodoxos, católicos e não católicos, como foi tradicional que indivíduos da nobreza se casassem entre si. "Um pouco mais de 10% das culturas mundiais são ou tendem a ser endogâmicas" (Marconi; Presotto: 2005:97).

Exogamia: Exige-se que o indivíduo procure seu cônjuge ou parceiro fora do seu grupo, seja local, parentesco, *status* ou qualquer outro gênero. Pode ser: *Simples ou Indiferenciada:* quando a obrigatoriedade de acasalar fora do grupo a que pertence leva em consideração todos os parentes genéticos, indistintamente, proibindo a união entre eles. *Restrita:* quando a proibição se restringe a certos níveis de parentes genéticos, mas possibilita alguns outros relacionamentos parentais, como por exemplo, a união entre primos já aceite de forma geral, enquanto se repudia veementemente a união entre irmãos e pais e filhos.

Muitas vezes existe uma exogamia de família, ou de clã, mas uma endogamia preferencialmente por casamentos dentro da mesma etnia, raça ou religião.

Pré-marital: a maioria das sociedades humanas aceita a experiência pré-marital dentro de determinadas regras morais. O relacionamento pré-marital implica em modificação de certos "tabus", como por exemplo a castidade da mulher ao contrair o matrimônio, que geralmente não é acompanhado pelo mesmo "tabu" em relação ao homem. As sociedades mais liberais quanto à relação pré-marital são as do Pacífico, enquanto as mais restritivas são as do Leste do Mediterrâneo e Oriente Médio.

Fig. 4.3 – Os Trobriand do Pacífico Sul, estudados pelo antropólogo Malinowski. Fonte: http://www.thenews.pl/1/11/Artykul/122955,Sexual-Life-of-Savages

MATRIMÔNIO

No Código Civil brasileiro, o Art. 1521 dispõe sobre os impedimentos para se contrair matrimônio, o que reforça juridicamente a intenção da sociedade brasileira em praticar a Exogamia. Os impedimentos são: "I – os ascendentes com os descendentes, seja o parentesco natural ou civil (portanto, pais e filhos); II – os afins em linha reta (por exemplo, avós e netos); III – o adotante com quem foi cônjuge do adotado e o adotado com quem o foi do adotante (ou seja, pais e filhos adotados); IV – os irmãos, unilaterais ou bilaterais, e demais colaterais, até o terceiro grau inclusive; V – o adotado com o filho do adotante (irmão de criação); VI – as pessoas casadas; VII – o cônjuge sobrevivente com o condenado por homicídio ou tentativa de homicídio contra o seu consorte (complô de amantes para matar o cônjuge ou a relação conhecida como 'síndrome de Estocolmo').

O Art. 237 do Código Penal brasileiro estabelece ainda como crime, com pena de detenção, de três meses a um ano, se houver co-

nhecimento prévio de impedimento "Contrair casamento, conhecendo a existência de impedimento que lhe cause a nulidade absoluta", reportando-se diretamente ao referido artigo civil.

Vale salientar que a regra exogâmica de casamento tem importante função econômica dentro do agrupamento humano, pois a herança se obriga a processar fora do núcleo familiar e fora do grupo ao qual se pertence, portanto, funcionando como repartição social geral de riqueza. Temos o exemplo do "dote" que por séculos obrigou a mulher que ao casar levava para o casamento, portanto para usufruto do marido, uma quantia razoável de dinheiro ou bens. No caso do Brasil, por herança dos costumes portugueses, o "dote" já existia legalmente desde as Ordenações Afonsinas no século XV.

Existem casos em que é o noivo que deve presentear a família da noiva com bens, em gado e outros animais, cereais, instrumentos, armas e outros utensílios que forem considerados importantes. Normalmente é a família do noivo que "paga" pela noiva, como o caso de Madagáscar, os nativos do Chaco da Bolívia e da Sibéria. Aqui a distribuição de riqueza que o casamento exogâmico proporciona, se dá via noivo, um tipo de "dote" mais matriarcal do que das sociedades ocidentais que era marcadamente patriarcal. No caso dos Cheyene dos Estados Unidos, por ocasião do casamento existia troca de presentes entre as famílias dos noivos.

b) Em relação às *Modalidades de Casamento* temos a Monogamia e a Poligamia.

Monogamia: Consiste no casamento em que um homem ou uma mulher vivem apenas com um cônjuge, como é comum nas sociedades ocidentais contemporâneas.

No entanto não é tão incomum em determinadas situações de precariedade que um homem despose mais de uma mulher, como no Nordeste brasileiro.

Por outro lado, também se deve levar em consideração que a história do Ocidente, principalmente durante a Antiguidade, está povoada pela modalidade de Poligamia, pois os reis tinham verdadeiros haréns, prática só contida pelo Cristianismo medieval.

Poligamia: Consiste da prática de casamento em que um homem ou uma mulher vivem com mais de um cônjuge, como ainda é comum nas sociedades do Oriente Médio (Arábia Saudita, Iêmen, Emirados do Golfo Pérsico).

Existem duas modalidades:

a) *Poliandria,* quando uma mulher se une a mais de um homem, vivendo com eles. Temos como exemplo os Nyinba do Nepal e os Zo'é da Floresta Amazônica.

   Na *Poliandria Simples não existem regras para essa união, quer dizer, a mulher pode desposar os cônjuges livremente.*

   Na *Poliandria Fraternal* a mulher casa com dois ou mais irmãos.

b) *Poligenia,* quando um homem se une a mais de uma mulher, vivendo com elas. Temos como exemplo os Tanala de Madagáscar e os índios Dakota da América do Norte.

   Na *Poligenia Simples* não existem restrições quanto ao cônjuge, podendo o homem desposar as esposas livremente.

   Na *Poligenia Sororal* o homem casa com duas ou mais irmãs; casa com a irmã mais nova quando esta atinge a maioridade.

Também é de assinalar que a família elementar pode adquirir modelo Poligâmico, quando um conjugue tem mais de um parceiro, vivendo todos em grupo. Apesar de na civilização ocidental a Poligamia ser vista como imoral, ela é bastante comum, por exemplo, no interior do nordeste brasileiro, em comunidades carentes. De qualquer forma, o ilícito só existe se houver registro oficial em cartório da comunhão.

BIGAMIA

O Código Penal brasileiro prevê como crime a Bigamia em seu Art. 235 nos seguintes termos: "Contrair alguém sendo casado, novo casamento: Pena – reclusão de 2 a 6 anos. Parág. 1.º Aquele que, não sendo casado, contrair casamento com pessoa casada, conhecendo essa circunstância, é punido com reclusão ou detenção, de 1 a 3 anos. Parág. 2.º Anulado por qualquer motivo o primeiro casamento, ou o outro por motivo que não a bigamia, considera-se inexistente o crime.

4.4. PENSAMENTO, EXISTÊNCIA E DOMINAÇÃO

O *pensamento,* o questionamento da existência, começa quando em algum momento os homens "esqueceram" do trabalho como fundador da sua humanização e passaram a conceber e interpretar o mundo a partir da razão (idealismo). Esqueceram-se do esforço real que pelo trabalho lhes desenvolveu a mão livre, o aparelho vocal, o próprio cérebro (materialismo), e passaram a privilegiar o pensamento sobre a vida real. Deveria ser natural que quando as potencialidades, ainda hoje desconhecidas, do cérebro humano se manifestaram fortemente, o **Pensar** e o **Agir** fossem compreendidos como uma dualidade única. Mas, mais do que trabalhar e produzir, a si mesmo e ao seu pensamento, a devida unicidade se *cristalizou entre as sociedades diferenciadas modernas como a preponderância do pensar sobre o agir. E, logo, da preponderância do conceber sobre o executar. E, logo, do poder dos que pensam sobre os que fazem o que alguns pensam.*

O homem como ser "carente" e sem soluções previamente codificadas para enfrentar o ambiente, está fadado a racionalizar as ações que lhe promovem a sobrevivência. Este racionalizar parte do enfrentamento permanente com as adversidades que encontra – e tudo para ele é adversidade –, e o compele inexoravelmente a antecipar suas ações. E ao agir já de antemão está racionalizando e planejando as próximas ações de sobrevivência, mesmo porque a cada nova descoberta e solução outras se lhe apresentam. Neste processo, esse vaivém entre pensar e agir, se encontra a raiz de igualmente idealizar toda a condição filosófica de sua existência. Por milhares de anos o pensar e o agir andaram juntos como *totalidade*, movidos pela necessidade humana, até que esta mesma necessidade deu lugar a uma divisão especial onde o pensar como instrumento de poder sobrepujou o executar.

Ao longo do nosso processo civilizatório, contrariamente ao sucedido com as sociedades primárias, os meios e as formas de trabalho e produção se modificaram; com eles as relações sociais de produção e as demais relações gerais. Esse conjunto de *forças produtivas e relações sociais de produção* denominou-se **Modo de Produção** (Karl Marx). *A história de nossa civilização é acompanhada por modos de produção diferentes, com estruturas produtivas próprias, mas com algo em comum: a dominação da concepção sobre a execução, a exploração do trabalho de muitos e a expropriação do produto desse trabalho por poucos.* Assim, por exemplo, na Idade Antiga – escravos e senhores –, na Idade Média – vassalos e plebeus; nobres e príncipes –, na Idade Moderna – assalariados e proprietários (capitalismo) ou dirigentes burocratas e trabalhadores (capitalismo de estado). Para cada modo de produção destes, portanto, duas classes importantes a moverem a história por seus antagonismos.

Nas sociedades menos diferenciadas esse tipo de divisão entre pensar e agir, entre conceber e executar, entre ordenar e cumprir, entre poder e servidão aparece de forma menos acintosa. Se algum tipo de dominação, exploração e expropriação se verificaram, de forma primária, entre algumas sociedades tribais, foi entre sociedades com algum grau de tecnologia produtiva, nos grandes impérios dos incas e dos maias, por exemplo. No continente africano os antropólogos identificaram esses mesmos mecanismos de forma mais específica, como no caso das **Castas**, onde a escravidão era praticada entre diferentes etnias e dentro delas – prática, aliás, existente até hoje, por exemplo, no Sudão e na Etiópia, e fortalecida, evidentemente, pelo comércio de escravos efetuado pelos europeus ao longo dos séculos XVI, XVII e XVIII. Na Oceania essas práticas de servidão são mais raras, sendo mais comum certa predominância de poder do oráculo, do feiticeiro, do líder e alguns poucos apaziguados, mas não de um grupo ou casta bem definida e em quantidade significativa de elementos. Entre os indígenas brasileiros (Alto Xingu), semelhante aos índios norte-americanos (Cheyennes, Navajos, Sioux), o poder está diluído por toda a comunidade, existindo, quanto muito, um conselho de idosos ou sábios que de forma conjunta exercem algum predomínio sobre o grupo, mas na exata medida em que decisões de estratégia de sobrevivência precisam ser tomadas e a vida social precisa ser regulada com direito a punição nos casos de desvios mais graves.

Se, de um lado, *não se pode afirmar que só existe diferenciação de poder entre pensar e agir nas sociedades complexas, por outro lado, pode-se afirmar com segurança que o desenvolvimento tecnocientífico necessariamente é obreiro da divisão social do trabalho, especialmente aquela separação do poder entre quem pensa e quem executa.*

4.4.1. Descendência e *Status* Social

Existe uma relação importante entre Divisão do Trabalho e o *status* social, como se viu anteriormente. O pensar tende nas sociedades humanas a sobressair sobre o executar. Devido, portanto, à nossa estrutura produtiva industrial e mercantil, também tendemos a acreditar que em todos os agrupamentos humanos o domínio é do homem sobre a mulher, o que não encontra respaldo em outras realidades sociais. Na verdade, o predomínio do *status* masculino ou feminino está relacionado com a estrutura de descendência, mas não, necessariamente, de forma unívoca, quer dizer, uma estrutura familiar pode ter a descendência de um progenitor e ocasionalmente o *status* ser aferido a outro, embora isso seja mais raro. Isto quer dizer que devemos separar ***Status* Social** (conceito político) de **Descendência** (conceito sociojurídico).

a) Assim, a Antropologia trabalha com conceitos diferentes: quando se refere a **Patriarcado** e **Matriarcado**, está a designar *status social*, poder, quem tem a prevalência de dar ordens e ser obedecido, pelo menos nas situações em que alguma autoridade seja necessária para tomar decisões dentro da família ou na coletividade.

Patriarcado: quando o poder do homem prevalece sobre o da mulher, atribuindo-lhe *status* familiar como pátrio poder, cabeça de casal e, por consequência, a educação cultural e a herança material tendem a ser executadas por um homem, o pai biológico ou pai social, como o tio materno ou outro homem a quem a educação da criança seja designada.

Aqui normalmente aparece a clara distinção entre trabalho intelectual e manual, cabendo as tarefas diretamente produtivas à mulher, como prover a família, o homem e os filhos, em alguns casos até outros parentes e membros velhos da coletividade. Ainda que em muitas situações os homens assumam algumas operações de sobrevivência e trabalho manual, nas sociedades primárias, e por muito tempo ainda nas sociedades ocidentais, os trabalhos masculinos eram considerados aqueles que demandavam intelecto, reflexão e planejamento, algo tido como atributo masculino. Assim, quando um caçador sai em grupo para caçar é porque esta atividade requer um conhecimento específico e mais elaborado por parte do homem, em contraposição, por exemplo, à coleta de frutos ou de plantas, que não requereria tanto mecanismo cognitivo.

Mesmo na sociedade ocidental, já no Renascimento (na Antiguidade a mulher tem um papel iminentemente de suporte familiar, e no medievo iminentemente de procriação), quando a inventividade e criatividade desabrocham para a construção da sociedade moderna, e ainda até a **Revolução Industrial**, pode-se verificar que o papel social da mulher está ligado ao suporte familiar e doméstico do marido e dos filhos, futuros operários. Se em um momento, na primeira metade do século XX, a mulher e as crianças são permitidas e forçadas ao trabalho industrial nas fábricas, deve-se mais ao ciclo de extrema acumulação do capital forçando-se o salário ínfimo dessa mão de obra, uma verdadeira penúria para as trabalhadoras e crianças de então, e a extrema miséria para o restante da sociedade onde os homens do povo nada têm para fazer. Mesmo nesse momento e nessas condições, a história mostra a fábrica sendo totalmente dominada por homens, os capatazes, depois os oficiais e finalmente os gerentes, na maioria parentes do proprietário e posteriormente ligados à sua família, como no caso de casamento da filha com algum homem menos abastado.

Na verdade, muito tempo a mulher na sociedade patriarcal levou para rebelar-se de fato e para conquistar a igualdade no *status* familiar e social, conquista essa só presente a partir da segunda metade do século XX, com a chamada revolução feminina, a luta pela igualdade de direitos civis e o movimento dos jovens e estudantes pelo fim das guerras pós-segunda Grande Guerra (Coreia, Vietnã). O acesso aos estudos universitários, à contracepção feminina, à melhora nas condições de vida, o desenvolvimento da tecnologia aplicada ao lar (eletrodomésticos) e a diminuição da quantidade de filhos nas classes C, B e A, libertaram a mulher de afazeres que a prendiam ao núcleo familiar e a levaram a conquistar posições intelectuais, políticas e empresariais que, por fim, destruíram culturalmente e juridicamente a predominância do homem sobre a mulher.

O patriarcado, enquanto poder do homem sobre a mulher, tanto culturalmente como no âmbito do trabalho, no entanto, ainda prevalece como forma de dominação e exploração na maioria das sociedades ocidentais contemporâneas, o que leva a crer que muito tempo ainda passará até que essa igualdade seja plena. Por exemplo, já seria um avanço se a sociedade patriarcal reconhece-se que o trabalho doméstico da mulher é parte da jornada de trabalho social geral por ela executado – a Organização Internacional do Trabalho (OIT) acaba de verificar que a mulher, na média dos países industriais, trabalha 5 horas diárias a mais do que o homem –, ou seja, o trabalho executado em casa para cuidar dos filhos e do marido faz parte da divisão do trabalho social geral, complementa as necessidades sociais produtivas e reprodutivas do sistema.

Com relação ao patriarcado pode-se dizer ainda que não apenas a mulher, mas também os filhos são alvo de uma preocupação com a **SUCESSÃO** da propriedade, na medida em que o casamento sempre é uma forma de "distribuição de riqueza" forçada pela exogamia, quer dizer, pelo casamento os filhos juntam como herança, em parte, ou no todo, a propriedade e demais riquezas de suas famílias (conforme os costumes e as leis de seu grupo em seu tempo). Ao contrário, a endogamia concentra a propriedade e a riqueza da família em seu interior, portanto dificultando a circulação e "distribuição de riqueza". Ainda é possível em sociedades de cultura patriarcal observarem-se casos (em alguns grupos específicos, como Judeus e Árabes) com menos restrições a casamentos endógamos. Por outro lado, não são conhecidos exemplos de sociedades matriarcais que praticassem a endogamia, ainda que isto não seja teoricamente impossível.

Oswald de Andrade (1890-1954) já assim se referia ao patriarcado:

> *Pater est quaem nuptiae demonstrant* (O pai é a demonstração do casamento). Nesta fórmula está a chave do Patriarcado que importa na conservação da herança paterna e na consequente acumulação da riqueza em mãos de um grupo e, portanto, de uma classe. Lutero e Melanchton confirmaram esse ponto de vista, admitindo até a poligamia, contanto que não se dissolvesse o vínculo matrimonial que produz a herança. (...) Assim, inicia ele (Claude Lévi-Strauss) o seu volume estudando o fenômeno primitivo da retribuição. E na retribuição, a mulher como dádiva. Trata-se, portanto, de um estado adiantado de escravidão patriarcal que ele focaliza, no qual a mulher é considerada um simples objeto. Só uma paleontologia social possibilitaria a restauração e o estudo das estruturas matriarcais desaparecidas (*Obras Completas: A utopia e a Antropofagia*, 2011: 153)

Matriarcado: quando o poder da mulher prevalece sobre o do homem, atribuindo-lhe *status* familiar e, por consequência, não existe a figura do homem com poder de obediência e direito de família, seja via pai biológico ou social. Por exemplo, entre os Nyar da Índia, a família é constituída apenas pela mãe e seus filhos.

Isto não quer dizer que a educação das crianças seja unicamente efetuada pela mãe ou outras mulheres, podendo ser compartilhada com o pai ou outros homens. Igualmente, não quer dizer que não exista uma divisão do trabalho social e tampouco que as atividades consideradas de planejamento e de operação se invertam, ficando agora a cargo da mulher o pensar e do homem o executar, ainda que existam exemplos que eram exatamente assim, como a tribo dos Dieri e os Loritja da região de Vitória e Nova Gali na Tasmânia. Em realidade, quando a história registra o matriarcado é mais comum que o poder esteja melhor distribuído entre homens e mulheres ou entre a comunidade: o que distingue o matriarcado do patriarcado não é a inversão radical do *status* familiar e do poder social e jurídico, mas a equidistância maior de responsabilidades de paternidade e subsistência da família e da coletividade. Só no patriarcado, efetivamente, a *divisão do trabalho social* derivou na sociedade de classes para uma **Divisão Social do Trabalho** (distribuição do trabalho por gênero conforme dominação).

Nas sociedades ocidentais, principalmente após o início do Medievo, a mulher é tão submetida a funções de procriação e considerada demoníaca por sua paixão e sedução, que nos habituamos, ainda agora, tantos séculos depois, a considerar inóspita a igualdade de direitos e o *status* da mulher na vida familiar e social, do trabalho e do estudo, de tal forma que a consideramos promíscua e repugnamos sua independência, responsabilidade e capacidade de viver sem a tutela masculina. Na verdade, pode-se considerar essa emancipação feminina de outra forma: uma vez podendo a mulher escolher seu parceiro, ou sua vida sexual e de procriação, de forma que não esteja tutelada ao poder patriarcal, toda a sociedade se liberta de um poder sociopolítico centralizador que tem perpetuado o despotismo do homem, a tirania e a presunção da força muscular sobre a inteligência e Filosofia, pois a mulher, mesmo quando assume as responsabilidades da maternidade, da educação e da herança, o faz de forma notadamente menos egoísta.

Um exemplo deste fato não está muito longe de nós: vários programas governamentais de assistência social e políticas afirmativas têm recursos destinados exclusivamente à mãe ou à avó (Bolsa Família); a guarda de crianças sem pais ou que os perderam, normalmente fica a cargo dos avós maternos ou mais propriamente da avó materna; a incapacidade mental ou física de um filho maior geralmente fica sob responsabilidade da mãe; é curioso que no Brasil, vários cadastros dos cidadãos sejam efetuados tendo como "chave-primária" o nome da mãe e não do pai (CPF, PIS, FGTS, INSS). Será que, mais do que demonstrar a seriedade e valia do matriarcado, estes exemplos são resquícios de um tempo em que a sociedade era matriarcal, ou será, por outro lado, que a sociedade patriarcal não resiste a aceitar as vantagens do matriarcado para a coletividade?

> O filho do direito materno foi, sem dúvida, o filho promíscuo da primeira selva, e se certas circunstâncias de clima ou de técnica, orientadores de novas formas e vida, fizeram com que em certos pontos da mais velha civilização, o patriarcado se instalasse, originando o instituto da herança baseado no filho de direito paterno, isso não privou que a maior parte da humanidade continuasse a procriar sem a legitimidade ritual das convenções genealógicas. É tão velho o patriarcado no Egito que poucos e parcos vestígios ali se encontram capazes de indicar o direito materno. Talvez a Esfinge e o culto a Ísis sejam remanescentes desse período da mais alta história humana. É tão generalizada a convenção patriarcalista que o excelente livro sobre o parentesco, do sociólogo francês Claude Lévi-Strauss, não documenta senão o parentesco em linha paternalista; mas, se a história escrita e tradicional só nos diz do patriarcado, a sociologia e a pesquisa primitiva abrem ricos horizontes para a busca honesta das origens humanas (Oswald de Andrade. *Obras Completas: Estética e Política*, 2011: 387-388).

IGUALDADE ENTRE HOMENS E MULHERES

Art. 5.º da Constituição Federal/88, Inciso I – homens e mulheres são iguais em direitos e obrigações, nos termos desta Constituição. E no Art. 226, Parágrafo 5.º da CF/88 – Os direitos e deveres referentes à sociedade conjugal são exercidos igualmente pelo homem e pela mulher.

b) Quando a Antropologia se refere à *descendência* pensa na relação de filiação, isto é, à relação entre um indivíduo, ao nascer, a um grupo de parentes. A descendência pode ser **Bilateral** ou **Unilateral**, e esta última dividida em **Patrilinear**, **Matrilinear** e **Dual.**

Bilateral: o parentesco é estabelecido pelo vínculo dos dois progenitores, portanto, descendência e família que se estende até certo limite pelos parentes do pai biológico e da mãe (sexo masculino e sexo masculino).

Unilateral: o parentesco é estabelecido pelo vínculo apenas de um dos progenitores, recebendo sua identidade do pai ou da mãe (sexo masculino ou sexo feminino). Pode ser:

Patrilinear: vínculo de parentesco ou linhagem apenas do pai biológico (sexo masculino); pai e filho, filhos dos filhos e por assim sucessivamente (relacionamento consanguíneo pai - filho - neto). As filhas e as netas fazem parte do grupo de seu pai ou avô até casarem, quando então (geralmente) migram para o grupo de seu marido. O chefe de família é o pai, como foi passado à nossa tradição o *pater familias* romano, com poder bastante extenso – as sociedades *patrilineares* são normalmente *patriarcais* (Gilissen, 1995).

A família patrilinear também é, na maioria das vezes, *patrilocal*, o pai é o centro da vida familiar que gira dentro e em torno de sua habitação, a sua mulher – ou mulheres (poligamia é comum) – vivem na casa dele junto com as mulheres de seus filhos e netos. O sistema patrilinear patrilocal (mas não poligâmico) continuará a existir nas civilizações grega e romana e ainda no estabelecimento dos direitos na cultura da Europa Ocidental medieval e, por muito tempo, na Modernidade (o título de "chefe de família" ou "cabeça de casal" atribuído ao homem só foi definitivamente abolido no Brasil pela Constituição Federal de 1988).

Em outros lugares, na Antiguidade pré-helênica, entre os "povos do deserto", na Austrália e pelo menos em parte da África predominam os sistemas patrilineares. No Oriente próximo, por exemplo, as sociedades são patrilineares, patriarcais e poligâmicas; na África, no Zaire, as etnias das savanas do sul são matrilineares, como os Kongo ou os Pende, mas as etnias do norte são normalmente patrilineares (Zande, Mangbetu, Alur, Ngbaka). Em Angola e Moçambique, a maior parte das etnias entre os Bantus é matrilinear, e também poligâmica.

Matrilinear: vínculo de parentesco ou linhagem apenas da mãe (sexo feminino); mãe e filhos de ambos os sexos pertencem ao grupo da mãe, o grupo da mãe da sua mãe e assim por diante (relacionamento uterino mãe – filha - neta). Os homens, em geral, fazem parte do grupo da mãe, não "entrando" no grupo de sua esposa – podem casar com as filhas de outro grupo matrilinear, viver no grupo de suas esposas, mas "pertencem" ao grupo de sua mãe. Na qualidade de irmãos da mãe, portanto, tios dos filhos da mãe, acabam exercendo a autoridade de educador e chefe no grupo da mãe. É muito raro que a própria mãe exerça a autoridade – as sociedades *matrilineares* raramente são *matriarcais* (Gilissen, 1995).

A família matrilinear é quase sempre, mas não obrigatoriamente, *matrilocal*, a mãe é o centro do lar, ela vive na casa dela com os filhos e aí habita seu marido; do mesmo modo, os maridos de suas filhas vêm morar na casa dela enquanto os filhos casados vão habitar a casa de sua espoas ou da mãe dela, como acontece entre os Bemba da Zâmbia e os Yao do Malaui. Mas a família matrilinear pode ser *virilocal*: entre os Kongo (Zaire, Angola), a esposa vive frequentemente no grupo matrilinear de seu marido; mas entre os Lele (Congo) e os Naembu (Zâmbia) os homens estão ligados por laços de parentesco maternos.

Dual (Matripatrilinear): quando o vínculo de parentesco e identidade se dá simultaneamente pelo pai e pelo grupo da mãe, sendo que neste caso os tipos de propriedade são herdados pelo sexo masculino e pelo sexo feminino.

Muitas vezes se observa que onde as condições de sobrevivência (produção e recolha de víveres) são menos favoráveis os grupos tendem a serem patrilineares, patriarcais e poligênicos. Tal predisposição dos grupos condiciona-se ao fato que entre os grupos humanos a gestação se dá uma vez a cada nove meses, e a sobrevivência do recém-nascido ser dificultosa exigindo cuidados familiares extensos. Ao contrário, as sociedades matrilineares, pouco matriarcais e monogâmicas tendem a coexistir com ambientes mais pródigos ou em uma relação natureza-homem mais equilibrada e harmoniosa (em uns poucos casos, com poliandria). Os índios Xokleng, da etnia Ibirama, em Santa Catarina, no Brasil, pratica tanto a poliandria como a *poliginandria* (casamento de mais de um homem com mais de uma mulher) (Melatti, Julio Cezar. *Amor e Casamento*, pdf).

Muitas vezes se considera que o sistema patrilinear e patrilocal é próprio de povos caçadores, em virtude do papel preponderante do homem e de seu nomadismo prolongado. Os sistemas matrilineares encontrar-se-iam sobretudo nos povos coletores-agricultores, normalmente sedentarizados ou parcialmente sedentários, haja visto que as atividades de coleta e agricultura são mais assíduas entre as mulheres, embora não se possa generalizar tais classificações.

Capítulo

5

MAGIA, PODER E DIREITO

Dissemos antes que a **Religião**, *no sentido moderno de seitas e Igrejas, jamais foi concebida como necessária pelos povos indígenas; o misticismo e a religiosidade das sociedades primárias devem-se à natural incompreensão das forças da natureza e das motivações da existência humana e sua relação fantástica com essas forças naturais*. Desta relação "fantástica com a natureza" nasce a **Magia**, e com ela o fundamento primeiro de uma situação de poder, e assim, o *direito primitivo*.

A *magia* é, em primeiro lugar, o elo místico do homem primevo com a natureza, uma natureza possuidora de forças – reações – incognoscíveis, diante das quais o homem está em relação de inferioridade. As comunidades primárias, diante da potencialidade superior da natureza, reproduzem em seu "formalismo" da experiência cotidiana o sacrifício sagrado de subserviência a essas potencialidades. Não é a razão da ciência, não é a lógica formal do conhecimento, mas a adoração e a veneração do que não se deixa dominar.

Os rituais mágicos, no início, para o homem primário, se revestem de um caráter coercitivo por parte dos espíritos, e no sentido indicado pelo praticante dos atos mágicos, o feiticeiro, o xamã, o oráculo. Quando, mais tarde, esse mesmo sentimento de potencialidade, que a própria razão científica em vão tenta conhecer, exige outros rituais, a religião estabelecerá a aliança entre o conhecimento analítico e a fé, agora, porém, com algum impedimento da arbitrariedade da ação divina, estabelecendo-se certa *juridicidade*.

Estamos diante do binômio **Religião** e **Ciência**. Em uma visão positivista/idealista, como em Auguste Comte (1798-1857), à religião sucede a metafísica e à esta, a ciência. Em uma visão materialista, como em Engels (1820-1895), a religião aparece junto com o direito e de maneira apolítica, portanto, junto com a razão científica, como uma ciência a par das outras. O problema da visão de Comte é que passa despercebido que a religião não se extingue como forma de conhecimento mesmo diante da revolução científica, empírica. A virtude da visão de Engels é que religião e ciência passam a ser produtos de uma mesma razão, como tal se complementam – metafísico e empirismo, divindade e experiência. Nesse sentido, tanto a ciência como a religião, para o homem não primevo, são produtos de uma mesma reação a conquistar o conhecimento e também, portanto, produto de relações concretas dos homens em seu devir de sobrevivência, que podem atender, e atendem, a forças, não mais da natureza, mas de poder.

Para as comunidades primárias, a magia é a um só tempo a adoração e a integração com o meio natural potencialmente superior, e de imediato, como forma e meio a partir do qual se estabelecem as práticas de sobrevivência material. Assim, pode-se dizer que a magia está na origem do "direito primitivo", na explicação e determinação das regras de conduta e sanções impostas diante da desobediência a essas mesmas regras. Pesquisas antropológicas têm demonstrado, em diversas organizações sociais menos diferenciadas, que a magia exerce um papel comum quando se trata de estabelecer a **Reciprocidade**, no respeito e devoção do homem com a natureza, e por isso mesmo, a mesma igualdade entre os membros da comunidade, diferentemente de nosso tipo de organização social que se caracteriza pela **Competitividade**, tanto em relação ao meio ambiente como em relação a nossos semelhantes. *Como se disse anteriormente, a dominação da natureza acaba produzindo a dominação do homem.*

Qual o mecanismo pelo qual a magia empresta às comunidades primevas esse sentido e sentimento de igualdade e reciprocidade? A natureza tudo dá; por que os homens não haveriam de fazer o mesmo entre si? A natureza nada cobra além de comedimento e tolerância; os homens são reflexo disso. Já sabemos que a oralidade e a linguagem são os grandes instrumentos culturais, mas a força da magia, dos rituais de integração com as divindades naturais e a interpretação de suas exigências por esses ritos "secretos" mediúnicos, revestem de forma contundente esse cotidiano comunitário.

De forma diversa do que ocorre em nossas sociedades, nas comunidades simples é o esbanjar e não a ganância que está no cerne da constituição de uma noção primária de poder. Aqui também, se a reciprocidade não for respeitada, quer dizer, se houver excessos por parte do tomador e não estiver presente em sua conduta a parcimônia no tomar e igual dedicação em retribuir,

> (...) a outra (parte) começa a protestar e intrigar publicamente contra ela, levantando dúvidas quanto à sua saúde e sanidade mental. Se deste procedimento não resultar nenhum efeito dissuasório em relação ao "tomador", as pessoas começarão a suspeitar de que ele está possuído por maus espíritos ou está praticando bruxaria, execrando-o como uma ameaça à comunidade (Guerra Filho, *Teoria política do direito*, 2000, p. 35).

Nesse sentido, a magia não é vista como "má" ou "negra", mas apenas como uma falta moral em relação às regras legais. Portanto, a magia age nas comunidades primárias tanto como agente de integração como agente desintegrador.

Por outro lado, a **Doação**, não a **Escassez**, mas o excesso, não a economia vista como ação de suprir a insuficiência de víveres, mas como a ação econômica que produz um excesso que é oferecido, repartido, está na base do relativo poder que alguém pode adquirir na organização social primeva. Essa doação, quando parte de um indivíduo, torna-o, aos olhos dos demais membros da comunidade, a) *um ser superior*, b) *alguém a quem se deve uma retribuição, e estabelece* c) *um vínculo de reciprocidade*. É natural que se considere uma pessoa "diferenciada e superior" pela doação, extensão mediada pela natural gentileza de doação da natureza. Esse alguém é, antes de tudo, uma extensão, uma sombra dessas forças superiores, e o mesmo tratamento em relação à "mãe natureza" se estende a esse *doador/esbanjador*.

Dialeticamente, esse doador/esbanjador é instrumento de uma visão mágica da benevolência do meio natural, passando ao homem primário a certeza de sua necessária reciprocidade, estabelecendo vínculos de "superior" e "inferior" entre pessoas na extensão direta de sua relação com a natureza circundante. Esse doador/esbanjador tem tudo para se tornar um líder, alguém venerado, em relação a quem os demais devem retribuir com seu trabalho. *Dessa doação e desse vínculo recíproco nasce algo do "poder" de alguém na comunidade primária. Mais do que o que doou quer poder, no entanto, querem, ou mais precisamente, desejam e necessitam, os demais membros da comunidade, de alguém com certo "poder", para reproduzir o próprio sentir mágico da vida.* Mais uma vez, mais do que os apetites do poder de alguém ou alguns, a servidão pode ter origem na tendência e aceitação de muitos em serem servis. E talvez na origem da servidão esteja a magia.

Nessa visão, a própria estrutura produtiva que posteriormente pode apresentar a dominação e a exploração da mão de obra alheia pode ter nascido da visão mística e da razão mágica do homem primevo. Ainda assim, não se deve imaginar essa doação fundamental daquele esbanjador como uma ação calculada, mas sim como uma prática altruísta tradicional, que remonta aos hábitos e costumes embasados em uma relação mágica de veneração com a natureza. Da mesma forma, o excesso que se doou pode ser efetivamente produto de algum atributo pessoal diferenciado como capacidade de trabalho e produção maior, mas pode também ser meramente a distribuição de muito do pouco que esse doador tinha, ainda visto por ele como necessidade de esbanjar com os demais (os Azande – Sudão / Congo, África – vivem permanentemente em festas que têm como objetivo maior repartir, sem que sequer haja qualquer tipo de excedente de víveres, mas tão somente o que, repartido e doado entre uns e outros, é suficiente para a sobrevivência material – conforme o antropólogo Evans-Pritchard, na obra *Bruxaria, oráculos e magia entre os Azande*).

Fig. 5.1 – Os Azande do Sudão e Congo. Fonte: http://lizzabathory.blogspot.com.br/2013/12/inversao-sexual-entre-azande.html

Não obstante, essa explicação de base mágica poder servir para elucidar um determinado caminho percorrido por algumas comunidades primárias até organizações sociais como a nossa, cujo poder está baseado na desigualdade e competitividade. Para a pesquisa científica das ciências sociais e humanas ainda resta explicar por que muitos grupos humanos primários não desenvolveram certo desprezo pelas regras da reciprocidade, como é o caso dos esquimós, que vivem em bando como caçadores-coletores (sem desenvolver a agricultura e o pastoreio, e o consequente sedentarismo).

> Os esquimós, estudados pelo antropólogo norte-americano Marvin Harris, dizem: *presentes fazem escravos assim como chicotadas fazem cães*. Assim, entre esses indivíduos não se desenvolveram jamais desejos individuais, e a doação jamais foi princípio de superioridade; logo, a religião jamais teve necessidade de se estabelecer como forma de ameaça ou represália, aliás, como entre as comunidades primárias que jamais optaram por sair da relação mágica com a natureza, e por isso mesmo, seus valores, sua ética não se estendem a qualquer relação com estranhos, considerados inimigos, *nem sequer são gente*. (Guerra Filho, *op. cit.*, p. 37).

Com relação ao **Direito** e **Religião**, é evidente que, de nosso ponto de vista, aquele direito mágico está na base de nossa lógica jurídico-formal. A necessidade de nosso direito formal, burocrático e de Estado só pode vir do esvaziamento do sentido de reciprocidade e da superioridade que alguém ou alguns adquirem em meio ao corpo social, "escravizando pessoas, que a partir de então deviam lhe prestar reverência e obediência, pagando-lhes taxas e produzindo para satisfazer sua sede de acumulação e entesouramento, sem retribuição equânime" (Guerra Filho, *op. cit.*, p. 36).

A etapa intermediária entre o direito mágico das comunidades primárias e o direito de nossas sociedades com Estado foi, em muitos casos, o direito religioso e divino. Por todas as sociedades do Ocidente e por todas as civilizações antigas do Oriente houve ordenamentos jurídicos com base no divino. Isso levou à especialização de um clero e à preponderância de um segmento social formado por teólogos-juristas, que rapidamente construíram uma estrutura administrativa e burocrata que, ao sabor dos interesses dos grupos dominantes, estabelece os direitos e as sanções sociais a cada época. Assim, o direito e a religião, longe de ser instrumento de igualdade e justiça, passam a ser instrumento de poder efetivamente tomado como dominação social, econômica e política. O fim da magia é, igualmente, o fim de uma sociedade igualitária. O império da religião é o dos deuses voluntariosos usados como serviçais das elites poderosas. Quando o direito laico e posto pelos homens surgir e consolidar-se efetivamente, haverá de provar que a escrita da dominação religiosa no direito deverá desaparecer!

LIBERDADE RELIGIOSA

Art. 5.º, Inciso VI da Constituição Federal/88, o legislador atendeu: é inviolável a liberdade de consciência e de crença, sendo assegurado o livre exercício dos cultos religiosos e garantida, na forma da lei, a proteção aos locais de culto e a suas liturgias.

Em seguida, no Inciso VIII, no entanto, consta: ninguém será privado de direitos por motivo de crença religiosa ou de convicção filosófica e política, salvo se invocar para eximir-se de obrigação legal a todos imposta e recusar-se a cumprir prestação alternativa, fixada em lei.

5.1. FONTES DO DIREITO PRIMÁRIO

Pelo que se expôs acima, podemos tirar que de forma geral as sociedades primárias apresentam como recurso as seguintes fontes de direito:

a) A fonte do direito dos povos primários e arcaicos é fundamentalmente o **Costume**, a maneira da tradição de viver na coletividade, a conduta habitual e desejada dos membros da comunidade. Estes são verdadeiros "direitos consuetudinários" (*costumary law*). Direito e religião se misturam de forma que se pode dizer que o misticismo e o sobrenatural são o que sustenta esses costumes. Neste intercâmbio, entre costumes e religião, age fortemente o *medo* ao sobrenatural, às forças da natureza e às divindades criadas a partir de sua observação. A *abstração* nas sociedades primárias mais arcaicas existe ligada à elaboração dessas representações divinas e rituais de consagração dessas forças e fenômenos naturais, *abstração* essa que se dirige para os institutos do Direito na medida em que a compreensão do mundo e do próprio homem se desenvolve e revoluciona os entendimentos mais arcaicos.

Sociologicamente, também se observa que o próprio grupo exerce o que Durkheim (1858-1917) chamou de "coerção social", o medo da opinião pública ou o medo do desprezo do grupo a que se pertence. Esta é uma coação bastante arcaica e primária, mas primordial. Ela é tão primordial que mesmo em nossas sociedades jurídicas mais complexas, é difícil saber com precisão o quanto a "coerção social" vigora mais nas cabeças dos indivíduos, que a premência da Lei e do poder do Estado. Nos casos em que o grupo passa a conhecer uma organização social em que existe o poder, de um chefe de família, chefe de clã, chefe de tribo, ou no caso em que o poder é dominado por um pequeno grupo de "notáveis", geralmente anciãos, nestes casos, o medo transfere-se fortemente (mas não totalmente) da orientação da opinião pública, e a segurança jurídica dos costumes, para o medo das sanções e punições impostas. Nas sociedades primevas que conhecem algum tipo de poder, as penas infligidas podem ser a morte (embora raramente isto aconteça), penas corporais ou sanções do tipo ordálios em que as divindades intervêm para condenar ou absolver o faltoso (*Um Homem Chamado Cavalo*, filme dirigido por Elliot Silverstein, 1970).

Como se disse, todavia, é o **Banimento**, a expulsão para fora do grupo, a principal e mais temida punição nas sociedades primárias (ver Anexo 4: *A História Cheyenne Contada por Lobo Negro*). Este tipo de punição, diga-se de passagem, era um dos principais institutos penais utilizado pelos Gregos na Antiguidade Clássica, pena infligida àquele que cometia homicídio involuntário: após resolução entre as famílias envolvidas, assessoradas ou não por um juiz de paz, havia quase sempre uma indenização pecuniária e expulsão do culpado para fora das portas da cidade-Estado. "Sua vida, entretanto, estava condicionada a não cometer novo crime, pois no caso de reincidência extinguia-se o acordo e o mesmo podia ser morto segundo a lei", sem imputação de pena ao que assim procede-se (Rocha, 2015, p. 120). O **Ostracismo**, inserido na vida política ateniense pelo legislador Clístenes (565 a.C.-492 a.C.), era um tipo político de banimento, nos casos em que os cidadãos votavam se um determinado indivíduo proeminente, que se destacava na sociedade por suas habilidades de oratória ou por feitos considerados heroicos, deveria ou não permanecer na cidade-Estado, sendo banido caso a maioria vota-se para que se afasta-se do convívio com seus concidadãos. Ainda a lembrar que no Império, o Código

Penal brasileiro de 1830, previa a *pena de desterro* ou banimento em vários casos, como no título IV, "Dos crimes contra a segurança interna do império, e pública tranquilidade", arts. 113 e 114: pena de desterro para fora do império, inerente aos crimes de conspiração.

Na Idade Média os *costumes exacerbados* pelos preceitos religiosos faziam da opinião pública a grande força do direito praticado, por exemplo, para se abrir um **Inquérito** bastava que houvesse uma denúncia sem necessidade de provas materiais, baseando-se o processo apenas a partir da narrativa do denunciante. E ainda hoje, o *crivo da opinião pública* e a possibilidade de repúdio ou "cancelamento" (banimento) do elemento social são bastante fortes e consideradas pelos indivíduos. Não por acaso nossas relações contemporâneas concentram-se em redes de comunicação e informação por afinidades, "tribos" ou "bolhas", de forma que se reproduz aqui muito dos elementos e caracteres próprios das mais arcaicas comunidades primevas. Entretanto, muitas vezes estas relações são permeadas por *ameaças e violências explícitas* que só são encontradas nos moldes das formas jurídicas modernas e não das sociedades primárias.

b) Quando as regras de convívio e os costumes passam a ser dominadas pelo poder de algum tipo de chefe ou feiticeiro, xamã ou sacerdote, é possível que se estabeleça algum tipo de reprodução sistemática oral e ritualística. Tais processos, apesar de não escritos, conferem um status geral e permanente de regras jurídicas como *verdadeiras* **Leis**. Os líderes podem enunciá-las em uma longa exposição propositadamente preparada para isso, por exemplo, os Kabary (discursos) dos soberanos do reino de Imarina, em Madagáscar (entre 1787 e 1810), e mais tarde no Código dos 305 Artigos da rainha Ranavalona II, de 1881, portanto, antes da colonização francesa (Gilissen, 1995). Desta forma, sociedades primárias ou arcaicas podem apresentar um direito primário que mistura os Costumes e um tipo específico de comunicação de Leis.

c) É bastante comum que os litígios e os julgamentos das sociedades primevas sejam resolvidos apelando-se para a **Precedência**, soluções dadas a conflitos e atos disruptivos anteriores do mesmo tipo. A prática da precedência pode ser usada inclusive pelos envolvidos na contenda ou em defesa pelo acusado, e não apenas pelos juízes. O instituto da precedência nunca foi abolido do ambiente jurídico, chegando mesmo a se constituir como uma fonte do Direito moderno, que denominamos **Jurisprudência**. Nas sociedades primevas o uso da precedência guarda, por óbvio, estreita relação com os costumes, sendo em nome destes que se apela para acusar ou em defesa na *comparação* que se faz com casos já resolvidos, e assim, os costumes se arraigam ainda mais nestas sociedades e não chegam a correr o perigo de serem substituídos, ou mesmo obliterados, pelo uso do precedente jurídico.

d) Por fim, pode-se ainda verificar no direito mais arcaico, e das sociedades primárias, um tipo de recurso que funciona como verdadeira fonte de direito: os **Provérbios** e os **Adágios**. Uma quantidade sem conta de "dizeres" e "narrativas" são acompanhados de provérbios e adágios que servem ao mesmo tempo de resumo e de reafirmação das regras jurídicas, próprio de sociedades que têm a oralidade como principal forma de comunicação, de histórias e lendas ancestrais, e dos costumes de sua etnia. E este é um motivo para consagrar a predominância dos mais velhos e anciãos na educação, conselhos e julgamentos, cuja base é fundamentalmente os costumes.

Capítulo

6

ORDEM, JUÍZES E JULGAMENTOS

Seria um erro dizer que as sociedades simples e sem Estado não têm **Leis** e **Ordem**. Simplesmente não mantêm a ordem da mesma forma que as sociedades complexas e de Estado. Assim, à falta de uma estrutura jurídica normativa formal e de instituições burocráticas de Estado, outras instituições farão o papel de "polícia" e "juízes". Nas sociedades socialmente simples, as instituições de controle preponderantes são a "família" e a própria "comunidade", para em seguida poder aparecer, em casos extremos, o "conselho de anciãos" e o "feiticeiro".

Fig. 6.1 – Conselho de índios norte-americanos.
Fonte: http://www.old-picture.com/indian-clothing-dress-index-001.htm

Antes de tudo é importante lembrar que nas comunidades primárias a **Família** não aparece formatada da mesma maneira que na nossa sociedade. Em muitos casos a família indígena é um aglomerado muito maior de parentes do que o núcleo composto por pai, mãe e filhos, que pode comportar debaixo de um mesmo abrigo, repartindo instrumentos de trabalho e víveres, mais de uma dezena de indivíduos até várias gerações e graus afastados de parentesco.

Outra característica das funções de controle da família em sociedades simples é que ela acumula dupla função: 1. **Educar**, quer dizer, passar o conjunto de valores e normas culturais da comunidade; 2. **Sancionar** de forma espontânea os desvios de conduta e castigar os insurretos mais resistentes, ao persistirem ações danosas à família e à comunidade. No entanto, deve-se ter presente que essa sanção e punição, caso existam, são espontâneas, no sentido de que prescindem de um rigor maior por parte da comunidade, ou do "conselho de anciãos", ou do próprio "feiticeiro", vistos como agentes punitivos só convocados em casos extremos. Da mesma forma, o delito cometido dentro da família normalmente é visto como um insulto particular entre dois indivíduos – *direito privado*, e não de forma geral a ponto de interferir na convivência familiar e comunal. A sanção espontânea é um instrumento de coibição e repúdio infligido a agentes sociais desviantes usada em qualquer tipo de sociedade, inclusive na nossa – complexa, diferenciada, altamente especializada. Na verdade, o que nos diferencia juridicamente das sociedades primárias não é tanto essa característica em si mesma, mas a amplitude e frequência com que a deixamos de lado para recorrer aos aparelhos jurídicos do Estado moderno. Nas sociedades simples e primárias não existe Estado; então a espontaneidade da sanção é imediata e exercida pela mais imediata instituição social, a família.

Por outro lado, nas sociedades industriais modernas o que mais chama a atenção hodiernamente é o esvaziamento da família como instituição educacional e sancionadora de comportamentos nocivos aos indivíduos. Existe uma relação direta entre poder e educação: quem educa acaba adquirindo imenso poder no imaginário dos indivíduos. A origem do poder de pai e mãe – no caso das sociedades simples de outros membros familiares, como tios ou avós –, vem em grande parte da responsabilidade funcional de educar; na medida em que as sociedades complexas e especializadas parecem delegar a educação das novas gerações para instituições de terceiros, sob orientação do Estado, também o poder de sancionar espontaneamente parece desapontar a educandos e educadores quando vem da própria família e desses terceiros, a não ser quando estão sob orientação jurídica formal do Estado (o próprio poder dos pais sobre os filhos de educar e castigar já estão, em grande medida, subjugados pelo formalismo jurídico do direito). De maneira diversa, na medida em que nas sociedades simples não existe essa intromissão do Estado e tampouco essa pretensão de educar de forma excludente, o poder que a família tem para sancionar de maneira espontânea é proporcional ao poder de sua responsabilidade em educar. A família, nestas sociedades comunitárias, é a grande instituição legal.

Nas sociedades simples, igual poder se observa na comunidade para decidir sobre questões legais. A *comunidade* pode ser definida como um conjunto maior de indivíduos que compartilham residencialmente um mesmo hábitat, referenciando-se por estratégias de sobrevivência comuns e compartilhamento da mesma cultura. Nas comunidades o sentido de valores é único e o sentido de sobrevivência compartilhado é definidor de estratégias de sobrevivência econômica. A comunidade, assim vista como grupo maior, pode sancionar também indivíduos de sua própria convivência, para além da família, embora isto seja mais raro de observar do que as sanções familiares. Para que a comunidade de forma geral se veja obrigada a punir um elemento seu é preciso que esse indivíduo persista com comportamento disruptivo mesmo após as sanções já impostas pela família. Nesse caso, como já se viu, o comportamento indesejado é atribuído a um tipo de doença que tem por origem a intromissão de espíritos ruins no corpo desse sujeito. Então entra em ação o **Feiticeiro**, o curandeiro. Sobre crianças é observada maior influência do poder de sanção da comunidade.

Mais assiduamente, o que se observa entre as sociedades simples é que a comunidade é chamada a exercer seu poder legal quando está diante de situações que envolvem os destinos e a sobrevivência de todos – *direito público*. Mas, nestes casos, normalmente existe um **Conselho** de anciãos ou sábios, os mais velhos ou os chefes familiares – podem ser chefes tribais se um povo está dividido entre várias tribos, ou clãs (índios norte-americanos). Esse conselho representativo do saber e da experiência da comunidade funciona como o órgão que decidirá os destinos da comunidade ou de decisões mais severas, como punições. Enquadram-se nesse caso a locomoção de toda a comunidade para outro hábitat, negociações com outras comunidades, punições a estrangeiros e estranhos, ou mesmo o que fazer com insurretos que os "espíritos não querem abandonar". Em todos os casos, no entanto, as sanções e punições são restaurativas e o direito não é repressivo. Essa característica, que Durkheim (1858-1917) chamou de *Direito Restitutivo*, visa a educar, no sentido de possibilitar sempre a ressocialização do indivíduo. Por outro lado, sendo a maioria dos litígios de cunho particular – indivíduo-indivíduo –, essas desavenças raramente se estendem a um conflito geral e, portanto, não há a necessidade da "funcionalidade do crime", entendida como a pretensão de servir de exemplo para os demais membros da comunidade. Esse ambiente social, assim conjeturado, educação familiar, sanção espontânea, individualização dos litígios, não precisa de prisões, nem de manicômios, nem de casas de reabilitação etc. A sanção espontânea tem o benefício de não precisar de funcionalidade porque não generaliza do particular para o geral, e por isso pode ser restaurativa. Nesse contexto, pode-se dizer que não há "crime", como o entendemos em nossas sociedades de Estado, mas "criminosos", se aparecerem, serão imediatamente banidos ou executados pela comunidade.

Neste sentido, pode-se afirmar que no direito das sociedades primárias não existe ainda a noção de "periculosidade" em "abstrato", e que o máximo indesejável é a observância da repetição do ato disruptivo, sempre tido como "doença" provocada pelos maus espíritos. Assim, não faz sentido aqui falar-se de "prevenção geral".

EXECUÇÃO PENAL

A Lei Complementar N.º 7.210/84, refere-se à execução penal em território brasileiro. Em seu Art. 1.º dispõe: A execução penal tem por objetivo efetivar as disposições de sentença ou decisão criminal e proporcionar condições para a harmônica integração social do condenado e do internado.

No Art. 3.º: Ao condenado e ao internado serão assegurados todos os direitos não atingidos pela sentença ou pela lei. Parágrafo único: Não haverá qualquer distinção de natureza racial, social, religiosa ou política.

O envolvimento social na condição do apenado surge nos seguintes termos na referida Lei, Art. 4.º: O Estado deverá recorrer à cooperação da comunidade nas atividades de execução da pena e da medida de segurança.

Analisando os *Julgamentos*, Robert Shirley afirma:

> Desse modo, podemos ver que o crime em tais sociedades é baseado no indivíduo na forma como tem gradativamente obtido uma má reputação em contraste com a sociedade moderna onde é um "ato" dramático singular. Claro que nas comunidades de convivência diária é muito mais fácil julgar a personalidade ao invés do ato *criminoso*, já que todos se conhecem. Os juristas chineses têm, também, a mesma filosofia. Consideram *criminosa* a pessoa que demonstrou, através de uma série de atos, que não pode ser reabilitada, quando então serão impostas sanções formais (*op. cit.*, p. 45).

Essa visão, que caracteriza de forma geral as sociedades simples, tem por trás uma constatação fundamental quando comparamos com o julgar e punir de nossas sociedades modernas, o fato de que se alguém for condenado como criminoso – agarrado, levado a juízo, condenado e punido –, é muito difícil, e dispendioso, voltar ao convívio salutar com a sociedade. Mesmo certos "desvios de personalidade" ou atos simples de transgressão, quando tratados de forma criminal, envolvem toda uma sequência de atos jurídicos e de poder cujas marcas levam muito mais o indivíduo ao crime do que o tiram da criminalidade – pelo desprezo, pelo banimento, pela brutalidade, pela funcionalidade, de onde advêm o rancor e a vingança (daí a importância de se lidar com o adolescente infrator com o cuidado que sua condição de imaturidade exige, o que está na base das teses abolicionistas).

Uma condição que favorece a formação de *juízes especialistas* e um direito baseado em lógica formal criminal é o sedentarismo. Nas sociedades simples nômades, de caçadores e coletores, as leis adquirem uma fluidez e adaptabilidade perdidas entre as sociedades pastoris, agrícolas, urbanas e industriais modernas. Por exemplo, entre os esquimós, solicitar emprestada a esposa de outro esquimó, quando a mulher do primeiro está doente e não pode acompanhá-lo na caça, é natural e normal – os filhos que possam nascer desse "empréstimo" são educados pelo "pai social", o verdadeiro esposo da mãe –, mas passam a existir laços de afetividade e amizade entre este "pai social" e o "pai biológico". Algo pouco usual e aceito por nossas sociedades. Isso não quer dizer que sentimentos duradouros de afetividade não existam entre homens e mulheres, entre pais e filhos etc., pelo contrário, simplesmente a noção de "posse" tem pouco valor, sendo que o prestígio, como visto anteriormente, só pode vir da "doação". Por outro lado, é evidente que se a maneira de viver da comunidade é permanecer em constante deslocamento, um indivíduo considerado nocivo e irrecuperável pode ser simplesmente abandonado à sua sorte ou, ainda, na medida em que os grupos tendem a se dividir, os litigiosos podem simplesmente ser separados e acompanhar grupos diferentes até que possivelmente um dia se encontrem em outras condições.

De alguma forma, pode-se concluir que na origem da formação de instituições jurídicas formais e em estruturas normativas complexas, encontra-se o problema da *propriedade* e seu consequente *direito sucessório*. **Juízes** e instituições especializadas no julgar e punir vão se desenvolvendo e cristalizando ao longo do tempo quanto mais o sedentarismo gera a acumulação de riquezas e problemas de distribuição e herança. Nesses contextos é que as sociedades passam a desenvolver algum interesse mais sério e formal por processos de julgamento e atribuição específica e especializada de alguns que serão os juízes. O cargo de juiz é a posição jurídica formal mais antiga na sociedade humana; mas mesmo nas sociedades onde esta figura já apresenta uma distinção especial na resolução de conflitos, em não existindo Estado, não existe força policial capaz de obrigar a execução da sentença, a não ser, mais uma vez, o poder de coercitividade da comunidade (os Ifugaos têm juízes, mas não Estado).

Contudo, a **Comunidade** jamais pode ser entendida como uma força policial especializada para poder cumprir as decisões de juízes ou árbitros e só agirá se for entendida como justa a punição. Nas sociedades sem Estado, quando "juízes" já se apresentam com alguma especialização no julgar e punir, também os sacerdotes e feiticeiros já desenvolveram sua magia a ponto de dominarem a comunidade pelo poder da religião; por isso, normalmente nesses casos, os "juízes" são os próprios sacerdotes, ou então disputarão os indivíduos entre si. Num caso a religião e uma estrutura jurídica mais elaborada são "irmãs", e vão aparecer "unidas" entre os aparelhos modernos de controle estatal. De um julgar irracional – deuses interferem –, chega-se a um julgar racional legal – a estrutura burocrática do Estado. Ou então, como aconteceu entre os povos indígenas do litoral brasileiro, escaramuças mais sérias sempre impediram que o "poder" laico dos *chefes tribais* assumissem a hegemonia sobre os membros das tribos, e mantiveram todo o estranhamento ao surgimento do Estado entre eles.

Capítulo

7

ANTROPOLOGIA E PODER: DESDOBRAMENTOS

Até este ponto de nosso curso, pode-se dizer que tratamos as sociedades primárias como grupos humanos sem poder e sem Estado. Não são necessariamente sociedades sem práticas políticas. *A política é um conjunto de atividades humanas planejadas e integradas culturalmente cujo objetivo é a regulação do* poder. Obviamente isto pode acontecer sem a existência de um terceiro e exteriormente à comunidade, ou sem Estado. E pode também acontecer que no âmbito da política, ou entre as atividades sociais do grupo que visam à sua sobrevivência material e espiritual e que, obrigatoriamente envolvem a todos, essas atividades estejam propositadamente diluídas de forma a impossibilitar o surgimento de um "governante" que acumule poder. Este é o caso das sociedades primárias. Entre elas, a práxis política é de tal forma que impede o exercício do poder de modo concentrado em Um-Único. Logo, impede também o surgimento do Estado.

Existe uma circunstância narrada pelo antropólogo Georges Balandier (1920-), que mesmo nas sociedades com pouca ou nenhuma estrutura de Estado, o poder ronda as mentes e as práticas culturais de seus membros – *O Poder em Cena*. Trata-se de ritos que aparecem como desordem, caos, atos disruptivos e perversões, que se apresentam nos momentos de vazio de poder, por exemplo, quando o rei ou outro tipo de soberano morre. Nestes momentos tais práticas enfatizam a liberdade sem restrições, práticas rituais que parecem dizer "nós somos livres", "nós não precisamos de poder", "nós preferimos a desordem". Nas Ilhas Sandwich ao Sul do Atlântico; nas ilhas Fiji na Oceania; em Benin, na Costa do Marfim, na África Ocidental; os Swazi, na África Oriental do Sul; no Tibete e no Marrocos. "A breve substituição do verdadeiro poder por um falso pode ser o meio para comunicar àquele as reclamações e aspirações que não o alcançam no curso ordinário da vida pública" (Balandier, 1982:50). Se por um lado o autor nos diz que esses momentos de festa ritualística com permissividade e até certa violência são momentos de verdadeira desordem a provocar a restauração da ordem e do poder, por outro lado fica evidente que também tais manifestações quase demoníacas representam um "resgate" de liberdade e soberania popular – o "Rei do Resgate" tibetano –, demonstrando ao rei, ao soberano, ao chefe tribal, ao xamã, aos poderosos, o que eles devem fazer para agradar a seus seguidores e, fundamentalmente, a dizer que o "poder é nosso".

Fig. 7.1 – Homens das ilhas de Fiji.
Fonte: https://www.pinterest.pt/suelawe/fiji-history/

A passagem das sociedades primárias, sem Estado, para as sociedades de Estado na Antiguidade não altera esse mecanismo de "Resgate". As Kronia gregas e as Saturnais romanas são festas que pretendem temporariamente inverter a ordem do Único para a massa, o Povo. Na Babilônia recorria-se a um rei de zombaria e dramatizava-se a posição das castas mais poderosas. Nas festas das Sáceas, enforcava-se um escravo, o que representou o papel de soberano, depois de tê-lo presenteado com toda a abundância, orgia e luxúria. O princípio é igualmente duplo: reafirmar a necessidade da ordem a partir da desordem e reivindicar essa mesma vida de poder "orgiático", pelo menos para as classes abastadas. Na Idade Média a Inquisição investe de forma truculenta contra todos os que são contra a Igreja. Os manuais da Inquisição, o "Martelo contra a Bruxaria", a tortura, a morte na fogueira, se de um lado demonstram o poder em cena, por outro escancara a deficiência do poder em conter essa enxurrada de contestações políticas, de inversões e resgates de forças oriundas da relação mais profunda dos agentes sociais com seus antigos rituais pagãos.

Na modernidade esses mecanismos permanecem, ainda que travestidos. Balandier assim o expressa:

> A modernidade não eliminou completamente esses recursos, porquanto a sociedade e seu poder não podem evitar a confrontação da ordem e da desordem, da conformidade passiva e da liberdade modificadora e, tanto menos quanto os tempos presentes se caracterizam pela transição, as incertezas e a ansiedade, como os do século XV europeu, embora em outro nível de desenvolvimento. As formas mudam, mas o processo de designação e de neutralização do culpado permanece. Os irredutíveis, por condição ou por opção, são considerados agentes nefastos ou inimigos internos, como o eram os feiticeiros de outrora. Se sobrevém uma crise grave, eles são apontados, "sacrificados", a fim de que o poder seja reconhecido como não culpado e que a própria coletividade, inocentada, reforce sua coesão (1982:45).

Com relação a esse mecanismo de modernização do "tribalismo", um importante estudo do professor Abner Cohen (1921-2001), da universidade de Londres, revela que a "conservação" de determinados rituais e valores culturais mais ancestrais podem ser usados não explicitamente como aderência à preservação da cultura tribal, mas como mecanismos de enfrentamento do poder. Na obra *O Homem Bidimensional*, Cohen conta o caso ocorrido durante a colonização da Nigéria pelos ingleses. Na vila de Ibadã, capital da região iorubá, se estabeleceram, por volta de 1920, dois grupos étnicos com culturas bastante diferentes: os Haussá e os Ibo Ocidental. A administração colonial, naquilo que chamava de "domínio indireto", repartiu os dois grupos em aldeias, incentivando-os a desenvolverem e preservarem suas culturas, e, assim, promover certa pacificação de contendas entre eles e preservar os valores tribais de ambos. As aldeias, com o passar do tempo, urbanização e "modernização", se constituíram em dois bairros: o bairro dos Haussá, Sabo, e o bairro dos Ibo Ocidental, Ekotedo. Trinta anos depois, conta Cohen, podia-se observar que os Haussá haviam efetivamente mantido e até radicalizado em suas práticas tribais, sendo considerados conservadores, enquanto os Ibo Ocidental quase que haviam perdido suas tradições ancestrais completamente. Simplesmente os Ibo Ocidental foram incorporados pelo avanço da modernidade, trabalhando, inclusive como funcionários públicos, estudando e vivendo inseridos na urbanidade e coletividade local, enquanto os Haussá haviam permanecido distantes dessa incorporação, dessa assimilação, dedicando-se às antigas rotas de comércio migratório entre o oriente longínquo e o ocidente próximo da Nigéria.

O que demonstra essa realidade? A tese do autor é que o tribalismo ou o etnicismo não são conservadores em si mesmos, mas uma maneira informal de conviver em um sistema formal de poder, quer dizer, a conservação e aprofundamento possível de práticas milenares não equivale, necessariamente, a uma preservação cultural tribal consciente e de regressão étnica, mas de uma estruturação de reivindicação e oposição política bastante incisiva usando-se valores de outrora meio a valores modernos. Mas, de qualquer forma, essa manutenção e mesmo radicalização quanto à preservação da cultura Haussá, constitui um desvio dentro do poder formal mais geral, ainda que conviva ambivalentemente com ele ou o repudie enfaticamente. A perda da identidade dos Ibo Ocidental, igualmente não é uma escolha livre da intervenção colonial, no sentido de amalgamar uma determinada ordem. Mas, de forma geral, percebemos por todo o lado, em todas as latitudes e altitudes, que os agrupamentos humanos tendem a demonstrar que a constituição de um poder absoluto e Único, não lhes agrada de forma natural, e que a aproximação ou migração para a centralidade do Estado é aceite como algo irrecusável e necessário em determinadas circunstâncias do desenvolvimento social, um "mal necessário", uma estratégia de inserção política pela sobrevivência.

> Os homens podem troçar, e certamente o fazem, de costumes estranhos e bizarros de outras etnias, pois tais costumes são muito diferentes dos seus. No entanto, eles não lutam exclusivamente em

função dessas diferenças. Quando o fazem, por outro lado, o que está em questão são diferenças fundamentais relacionadas com a distribuição e o exercício do poder, seja ele econômico ou político, no interior do sistema social de que fazem parte as etnias em luta (Cohen, 1978:120).

SOBERANIA E PODER

Perceba-se que mesmo no caso de uma sociedade complexa e de Estado como o Brasil, a Constituição Federal de 1988 começa consagrando o poder popular, no Parágrafo Único do Art. 1.º, in verbis: Todo o poder emana do povo, que o exerce por meio de seus representantes eleitos ou diretamente, nos termos desta Constituição.

Nas sociedades primárias, mesmo quando "algum poder" dissuasório ou coercitivo se faz necessário, como no caso da educação das crianças, planejamento da atividade econômica, rituais e festas, ou no julgamento de comportamentos disruptivos, mesmo nestes casos, o estranhamento à concentração e acumulação de poder é imediato, e a criação de alguma entidade exterior à comunidade é imediatamente desvalorizada, ridicularizada e banida. A única exterioridade aceitável é a "mãe natureza". Assim, seguindo os caminhos de Max Weber, preferimos dizer que nas sociedades primárias impera a **Autoridade** advinda do prestígio, "holístico" e "místico" do feiticeiro, ou da "generosidade" do chefe. Portanto, *podemos dizer que as sociedades primárias apresentam uma postura política sem Estado na medida em que contestam todas as formas de concentração e exacerbamento de poder.*

Nas palavras do Professor Edinaldo Bezerra de Freitas, sobre os índios krahô do norte do estado de Tocantins,

> Cada aldeia Krahô tem um chefe, cacique ou Pahí. Em certos casos, há mais de uma chefia, apresentada sob aspectos escalonados. O Pahí governa auxiliado por dois "prefeitos", um para a estação seca e outro para o inverno. Tais personagens têm como função mais importante a de organizar a distribuição das tarefas econômicas da coletividade. Afora esses, há um "diretor de ritos", chamado Padre. Na prática, cada Krin é marcado pela presença de uma série de líderes, em muitos casos havendo entre eles conflitos bem visíveis. Um líder é sempre selecionado dentre os indivíduos do sexo masculino em idade adulta, deve ser ativo, falar bem e convencer pela palavra e pelas ações, sendo calmo e generoso. A chefia tradicional se ocupa com as relações internas e externas de sua aldeia, procurando vínculos positivos entre as outras aldeias e uma relação satisfatória e proveitosa com os não-índios. Como não prevalece a hereditariedade e

> a temporalidade de cada gestão depende do interesse comunitário, há, via de regra, uma constante permuta de chefia, pois, com facilidade, se escolhe e se substitui um Pahí ("Ser ou não ser mehin: a etno-história krahô". *In Projeto História* – PUC/SP, no 23, p. 272).

É de sobressair neste relato a estratégia política dos Krahô em diluir o comando e a autoridade, dispersando-a em uma estrutura de diversos indivíduos e trocando-os permanentemente, submetendo, assim, o poder à comunidade. Obviamente, nas condições atuais em que os Krahô vivem, quase completamente absorvidos pela nossa cultura e em contato com outras etnias, os conflitos políticos começam a aflorar e o poder começa a querer ser absoluto, extrapolar suas prerrogativas e converter-se em Um-Único. Nessa situação, o conflito entre as tradicionais estratégias de controle do poder e as motivações novas introduzidas nas comunidades poderá ser prenúncio de alguma violência.

Termina o professor Edinaldo:

> Uma vez que o cargo dos chamados "prefeitos" é extremamente rotativo, constata-se uma sociedade em que a instituição política administrativa é exercida em experimento por um grande número de pessoas, gerando uma circularidade administrativa, o que representa, de um lado, uma possibilidade geral do exercício de poder/generosidade e, por outro, uma visível diferença entre quem de fato consolida um papel de liderança comunitária e quem só o faz em período esporádico. Tal processo está longe de ser harmonioso, sendo responsável por situações de tensão comuns nas aldeias (*op. cit.*, p. 272). Precisamos reconhecer, no entanto, que essa separação de autoridade e poder parte de nossas premissas filosóficas tradicionais, segundo as quais sempre nos parece que poder é a **Violência** institucionalizada e consentida e que a violência do poder sempre é necessária para o convívio social. Por esse motivo não estranhamos a violência do Estado e achamos natural que o *fazer político seja impregnado de estratégias não éticas e violentas*. Se separarmos o poder da violência, quer dizer, se trabalharmos tais categorias como diferentes e mesmo opositoras, então fica mais claro que o problema não é o poder em si mesmo, mas as condições e os princípios em que se baseia seu exercício.

As sociedades primárias fazem política com obstinação em controlar o poder, mas não podem fugir da autoridade e coercitividade enquanto grupo humano. Autoridade e poder se confundem muitas vezes e parecem mais identificados quanto mais a sociedade adquire complexidade e precisa fazer frente aos entraves da natureza e da convivência humana. *Nas sociedades mais simples a noção de poder é quase nula; nas de alguma complexidade a noção de poder começa a fazer sentido maior; entre nós, as sociedades modernas industriais, o poder já é sinônimo de violência.*

7.1. PODER E VIOLÊNCIA EM HANNAH ARENDT

O pensamento de Hannah Arendt (1906-1975) é fundamental para entendermos a questão e faz parte da visão de nossa *filosofia antropológica do direito*. Seu pensamento está alicerçado por dois conceitos concêntricos: a separação entre *poder e violência* e a ocupação do *espaço público*. Diferentemente de Weber, para quem autoridade e poder se excluíam, em Arendt se completam; a essa subordinação do poder à autoridade se opõem o autoritarismo e a violência. E é exatamente da ocupação do espaço público de forma proativa que os homens retiram a essência da legitimidade da autoridade que designa o poder como forma política do existir humano. Ao contrário, a uma participação no espaço público reativa, omissiva, corresponde um vácuo de poder, ao mesmo tempo a negação da própria "condição humana" e a condição profícua para o totalitarismo, forma extrema de ilegalidade, arbítrio, truculência e "banalização do mal".

- Participação – autoridade, legitimidade, poder, democracia (liberdade coletiva possível)
- Omissão – autoritarismo, legalidade residual, violência, totalitarismo (fim do pensamento)

No substrato da filosofia arendtiana encontra-se a grande indagação da história: o que leva o homem, ser racional, a construir a existência humana como supérflua e a perpetrar o terror como forma banal do mal? O século XX provou a verdadeira face oculta do homem: para além do trabalho, do econômico, do religioso e do político, quando a omissão e apatia pela coisa pública e pela coletividade se instalam socialmente, os homens estão prontos à total perversão e bestialidade contra a própria espécie, e de nada valem a razão, a ciência, a tecnologia, a diplomacia, bastando para isso que certas condições sociopolíticas se apresentem. Na verdade, exatamente nesses momentos, todo o engenho humano se coloca a favor da destruição. Na base desses projetos "satânicos" está o simples fato do *esvaziamento do pensar*; não importa a relação com as ideologias e as grandes narrativas políticas (de Esquerda ou de Direita). Nesses períodos a soberania é realmente o poder no meio do caos como estado de exceção (cf. a *Teologia política* de Carl Schmitt).

O fracasso da atividade filosófica, do pensamento singular e subjetivo do homem moderno, é o fracasso da razão que objetivou tudo e todos, inclusive a filosofia e os intelectuais e cientistas. Sem o outro eu, sem o pensar comigo mesmo, sem a autorreflexão, tudo se reduz à razão instrumentalista no ciclo da produção-consumo, tudo se extingue no estrito cumprimento "anencéfalo" dos códigos, dos manuais, dos processos, da manipulação "técnico-mediática" da linguagem, do reino da forma sobre o conteúdo. O homem que não pensa consigo mesmo não tem uma moral, não pode ser ético, não pode optar, não pode ser livre, não pode respeitar-se a si mesmo, e, consequentemente, não pode respeitar o próximo, acatar a opção do semelhante. Neste esvaziamento do ser-para-si, banaliza o outro, reduz a existência humana a quase nada, não distingue o bem do mal, o certo do errado, e deixa-se levar como rebanho aos paroxismos da bestialidade.

Quando Eichmann (general nazista administrador e encarregado da logística dos campos de concentração, como Auschwitz) foi julgado em Israel, disse: "Se, no estrito cumprimento de meu dever, tivesse de enviar meu pai e minha mãe para um campo de concentração, não teria dúvidas em fazê-lo." É esta mentalidade que se mostra totalmente despida de valores em razão de uma instrumentação codificada do direito, um vazio de pensar consigo mesmo, uma preparação pessoal para a convivência coletiva, para a observação da diversidade, para a construção da tolerância. A questão moral fundamental é construída tendo como base "não a obediência a uma lei externa, mas ao interesse em ser consistente comigo mesmo, o que é possível somente se se instaura o diálogo sem som de mim comigo mesmo" (Adriano Correia, "O pensar e a moralidade". In *Transpondo o abismo:* Hannah Arendt entre a filosofia e a política, 2002, p. 154). Conforme Sócrates, o homem que pensa sobre sua condição no universo e na existência cotidiana necessariamente estará preparado para evitar os apelos da imoralidade e as pressões do mal disfarçado de projetos messiânicos e megalomaníacos de ressurreição da humanidade.

7.2. A RESISTÊNCIA DAS SOCIEDADES PRIMÁRIAS

Nas sociedades primárias situações de êxtase e banalização do mal estão vedadas por duas razões básicas: a **Magia** e a **Dependência**. A primeira harmoniza os homens com a natureza, logo, entre si mesmos; a segunda reforça a reciprocidade coletiva. Ambas remetem permanentemente os homens a uma moralidade tão simples como "não se faz ao outro o que não se tolera para si mesmo". Este pensamento, no entanto, só pode nascer do conversar consigo mesmo. *Se não tenho consciência do certo para mim, não posso tê-la para com os outros, e vice-versa*. Não há como negar que, diferentemente do que nossa racionalidade instrumental moderna apregoa, o homem primevo conversa mais com o seu eu do que se imagina; para isso contribui inclusive o seu conversar místico com as próprias forças da natureza, incognoscíveis por opção. *Onde não há dominação da natureza não há arquétipos mentais para provocar a dominação sobre outros homens*. O conversar com as potencialidades naturais já é um conversar consigo mesmo, não debaixo de códigos externos, mas sob a orientação dessa mesma potencialidade existente também em si. A racionalidade, dessa forma, não se transforma em instrumento e simples técnica, não se reduz aos mecanismos do *pensar estandardizado*.

Ao mesmo tempo, a reciprocidade que impera no meio das sociedades primevas impede a "apatia política", no sentido que obriga à participação comunitária pela sobrevivência, e parece que essas comunidades sempre demonstraram pouco interesse em se especializarem a ponto de poderem prescindir uns dos outros. Se, de um lado, criaram mecanismos para destruir excedentes produtivos, impossibilitando *mais-valia* (festas, valorização da doação), a divisão do trabalho social e a distribuição da responsabilidade no educar e punir se restringiram a instituições sociais primárias, basicamente as famílias, conselhos tribais e, excepcionalmente, a própria comunidade. Não há dúvidas de que entre esses povos existe clara intenção de evitar que o Eu seja uma construção externa, mas antes uma produção pessoal mediada pelo coletivo, para o coletivo, ao invés de uma concepção coletiva voltada à mística valorização do interesse pessoalíssimo. Uma opção ética de verdade!

Ao final, talvez possamos pensar que, em termos arendtianos, pode existir poder em sociedades primárias, não o poder político-partidário ou a exuberância desmedida do Estado, mas aquele que advém da autoridade participativa da coletividade, como forma mesma de impedir que vácuos de organização social ou dificuldades extremas levem a uma omissão a ser compensada por indivíduos ou grupos interessados em uma filosofia premeditadamente interessada em estabelecer privilégios. *O verdadeiro sentido de "direito" é preservar essa "solidão", esse conversar e essa reconversão dentro de si, ou seja, o sagrado e inalienável direito humano de ser livre na sua condição coletiva, na sua limitação como ser coletivo e poder ser e agir segundo suas próprias convicções.*

Como diz o professor Adriano Correia a propósito da obra de Hannah Arendt:

> O julgar, a atividade do espírito mais propriamente afim à política, capacidade fundamental do homem como ser político, lida com particulares de modo que possa compreendê-los o mais amplamente possível em sua singularidade, operando assim como órgão de orientação no mundo. E embora quem julgue tome uma decisão condicionada pela subjetividade, o próprio fato de que aquele que julga observa o mundo de um ponto no qual de antemão toma em consideração que há vários olhares sobre o mundo, faz supor o mundo como um dado objetivo: permite-nos, de algum modo, sentirmo-nos em casa em um mundo que precede minha existência individual e que possivelmente sobreviverá a ela (*op. cit.*, p. 154-155).

Nas sociedades primárias, não existem prisões, nem hospícios, nem instituições de reabilitação, nem tribunais, nem poder suficiente para julgar ou condenar se a coletividade assim não o desejar. Em princípio todo o comportamento indesejado é trabalhado como doença, ao invés de a doença, inclusive, ser tratada como crime. Toda a justiça é restaurativa e a maioria das sanções é espontânea. A filosofia, pode-se dizer, não se objetivou a ponto de cristalizar pensamentos de poder ilegítimos, exploratórios da servidão humana, e a política continua fundida nas opções reais dos agentes sociais pelo convívio coletivo, a partir da possibilidade de se construir um eu pelo inalienável direito de pensar sobre si e sobre o todo de maneira espontânea e livre. O direito das sociedades técnico-industriais modernas deve refletir sobre estas condições simples do existir humano. *O direito à solidão, à introspecção, ao isolamento deve prevalecer sobre a comédia mediática televisiva da hipocrisia alienante geral: desta condição nasce a possibilidade de evitarem-se a banalização do mal e o sentimento supérfluo da vida humana.*

Capítulo

8

REVISITANDO "A SOCIEDADE CONTRA O ESTADO" DE PIERRE CLASTRES

Pierre Clastres (1934-1977) escreveu na década de 1970 um texto a que deu o nome de "A sociedade contra o Estado", que acabou compondo o último capítulo do livro que engloba dez artigos escritos pelo autor desde 1962, e que acabou sendo publicado em 1974 com esse mesmo título.[1] Nessa obra o autor lançava as bases de uma *Antropologia Política* a subverter a concepção estruturalista marxista. Nesta, as relações de produção, chamadas de infraestrutura, dão origem à superestrutura, onde se localizam o **Direito** e o **Estado**. O "conceito" marxista é a base de uma *Antropologia Econômica,* em que as relações de desigualdade entre classes produzem a necessidade do Estado como instrumento de poder das classes dominantes que obrigariam à perpétua dominação e exploração econômica.

1. Clastres, Pierre. A sociedade contra o Estado. São Paulo: Cosac e Naify, 2003.

Fig. 8.1 – Antropólogo Pierre-Clastres.
Fonte: https://www.babelio.com/auteur/Pierre-Clastres/16541

Os capítulos anteriores procuraram trabalhar uma linha antropológica que demonstra, como em Clastres, como nas sociedades primárias decididamente não existem intenção e formas capazes de fazer surgir o poder e o Estado a partir das práticas econômicas observáveis. Isso significa que se entre as sociedades primárias não existe dominação e exploração econômica, não poderiam o poder e o Estado surgir dessas relações produtivas (muitas vezes construídas a partir de instituições culturais, como no caso das relações de parentesco, proibição de incesto etc.) e dos excedentes econômicos (pois os rituais e as festas os destroem propositadamente). Dessa forma, a Antropologia precisou encontrar outra explicação para o surgimento do poder e a possível consequência do Estado, o que levou Clastres a inverter as possibilidades desse surgimento, não a partir das relações de produção, mas ao contrário, do surgimento de um poder externo à comunidade a obrigar coercitivamente à produção de excedente econômico com vistas a servir a outros que não trabalhassem para garantir seu sustento material mais imediato. Como o autor afirma, seria quase como se a superestrutura determinasse a infraestrutura.

> A relação política de poder precede e fundamenta a relação econômica de exploração. Antes de ser econômica, a alienação é política, o poder antecede o trabalho, o econômico é uma derivação do político, a emergência do Estado determina o aparecimento das classes (Pierre Clastres, *op. cit.*, p. 216).

As sociedades primárias acabaram produzindo poder e possivelmente o Estado a partir de um processo que não advém, no entanto, de uma relação embrionária da exploração econômica, o que, obviamente, não significa que entre as sociedades de poder e de Estado não se verifique em todas elas essa exploração e a necessária dominação de classes a determinar a reinvenção das formas e técnicas de relações de produção desiguais. Simplesmente o que a *Antropologia Política* de Clastres nos diz é que essa origem deve ser buscada em realidades e práticas primevas não exclusivamente econômicas e o surgimento do poder e do Estado em premissas outras que apenas a exploração no nível da produção (ou, no mínimo, que categorias superestruturais, como relações de parentesco e aspectos religiosos, estão tão "impregnadas" nas relações e nas formas de produção que não é possível distinguir especificamente "instituições" e "níveis" na reprodução da existência nas sociedades primárias, e que, portanto, qualquer hierarquia e relação de causalidade são aleatórias e arbitrárias).

É assim que elaboramos nosso curso, trilhando um caminho que não vai do econômico ao poder, e deste ao Estado, mas da magia ao "doador" com prestígio, e deste, mesmo quando contra sua vontade, ao papel proeminente capaz de solucionar problemas e demandas reais da comunidade (o ritual de purificação e cura, a proteção contra o inimigo, a autoridade para sancionar comportamento reincidente disruptivo). Neste estágio todo o prestígio do feiticeiro ou xamã provém da reprodução mágica a imitar a integração com a natureza. Aqui ainda estaríamos diante de comunidades "sem poder".

Num segundo momento, a luta contra o Estado – Um e Único –, no entanto, imediatamente se faz presente, a vicejar um poder espiritual na busca pela salvação e pela felicidade que vai contra o poder desses chefes tribais com "algum poder". Através de façanhas de guerra para proteger a comunidade, o planejamento para a consumação do excedente "inoportuno" ou, ao contrário, providenciar soluções de sobrevivência em meio a uma população demográfica considerável e crescente, os chefes puderam constituir seu poder. Neste momento, o feiticeiro, o xamã e o oráculo são personagens na contramão do poder laico dos chefes que deriva não tanto da reprodução homem-natureza, mas homem-homem.

Podemos traçar um paralelo entre a religião das sociedades primevas, instaurada pelos "homens-divinos", na busca em refrear os apetites de poder dos chefes, com a filosofia transcendental dos gregos no século V a.C.: travando a mesma luta, Sócrates (469-399 a.C.) e Platão (427-347 a.C.) propõem que os apetites do poder sejam controlados pelo ciclo transcendental da Alma, que no Além seria julgada e punida, se fosse o caso, por todos os atos cometidos na vida terrena. A partir da observação das sociedades primárias, pode-se afirmar que muito provavelmente o poder dos sacerdotes veio da luta contra o Um-Único, convencendo parte significativa dos indígenas a buscar na religião alternativas contra o poder.

Ao longo da história as sociedades humanas têm demonstrado igualmente o poder da Teologia e da Filosofia na luta contra o exacerbar do poder dos governantes e do Estado. Infelizmente, nessa posição de enfrentamento tanto a religião como muitas vezes a própria filosofia acabam canalizando e enfatizando poderes tão fortes como aquele que querem conter, e, assim, os feiticeiros viram sacerdotes, os rituais viram liturgias, a magia se transforma em religião e o poder caminha de forma tecnocientífica entre a Igreja e o Estado nas sociedades complexas "com poder". Nessa complexidade do poder que transita "reforçado" entre Igreja e Estado, o estranhamento contra o Um se perde em muito, principalmente porque esse Um pretende ser Único.

8.1. ANTROPOLOGIA POLÍTICA E A QUESTÃO DA LIBERDADE

A *Antropologia política* aponta, pois, para algo profundamente desconcertante: a luta contra o poder do Estado, a luta do Não-Um, é *libertária* por opção e conduz a pensarmos na sabedoria dos homens primevos em recusar o poder que se constitui como formas de coerção, educação autoritária e punição. De maneira consciente essas sociedades recusaram e recusam o poder e o Estado como forma de se sentirem livres, aceitando a coercitividade da comunidade, mas não qualquer intromissão de uma entidade exterior a si mesmos. *A liberdade é, a todo custo, o seu fim!*

> Inacabamento, incompletude, falta: não é absolutamente desse lado que se revela a natureza das sociedades primitivas. Ela impõe-se bem mais como positividade, como domínio do meio ambiente natural

> e do projeto social, como vontade livre de não deixar escapar para fora de seu ser nada que possa alterá-lo, corrompê-lo e dissolvê-lo. É a isso que nos devemos prender com firmeza: as sociedades primitivas não são os embriões retardatários das sociedades ulteriores, dos corpos sociais de decolagem "normal" interrompida por alguma estranha doença; elas não se encontram no ponto de partida de uma lógica histórica que conduz diretamente ao termo inscrito de antemão, mas conhecido apenas "a posteriori", o nosso próprio sistema social (Pierre Clastres, *op. cit.*, p. 216).

Infelizmente chegamos a um estágio, a civilização industrial moderna, em que até mesmo a liberdade só nos parece possível como construção do próprio progresso tecnocientífico, especialmente quando tal progresso está aplicado ao direito ou, em outras palavras, *quando o direito adquire tal desenvolvimento tecnocientífico que pode construir a liberdade humana.*

> A liberdade do homem é o valor supremo; condição da possibilidade da liberdade do homem é a *liberdade de valor* da ciência e conhecimento humanos; condição da realização da liberdade de valor da ciência é a liberdade do aproveitamento de seus resultados em produção livre; o que dá sentido à liberdade de aproveitamento da produção é a *liberdade de valoração* em livre consumo. A síndrome irreversível de liberdade de valor, de aproveitamento e de valoração é a sociedade livre desenvolvida, científico-técnico-industrial (Carl Schmitt, *op. cit.*, p. 151).

Tudo o que uma *Filosofia antropológica do direito* pode dizer disto é que nem para nós essa "verdade" vale a pena. Aqui, entre outras considerações, está o germe dos **Sistemas Totalitários** – muito além do autoritarismo –, que por "métodos científicos" pretensamente necessários e estritamente técnicos, promoveram o holocausto e o genocídio, *sem culpa e sem remorso.* Entre outras coisas, o estudo aberto das sociedades primárias, existentes afinal entre nós, quer mostrar que *aquilo que parece selvagem ou primitivo é na verdade estratégia política consciente das comunidades em não se submeterem aos paroxismos tecnocratas que escondem sempre os devaneios megalomaníacos do poder e/ou do Estado.*

Esta questão pode ser colocada em outros termos: a ambivalência clássica entre **Liberdade** e **Igualdade**. Ao longo dos séculos a *Filosofia política* tem se perguntado se é possível efetivamente compatibilizar as duas coisas. Para efeito deste estudo usamos Hannah Arendt e verificamos como a pensadora de nosso tempo opunha *o poder à violência*, e assim inaugurava uma concepção política não ortodoxa ao defender que onde existe poder não existe violência e vice-versa. Em consequência disto, podemos então dizer que o poder consubstanciado em leis confeccionadas a partir da livre expressão política dos cidadãos ocupando o "espaço-público" engendra um *estado democrático de direito* e este evitará o surgimento da violência.

Obviamente essa situação "ideal" exige um comportamento exemplar "virtuoso" tanto por parte de todos os cidadãos como por parte de seus representantes e do próprio Estado, como bem o afirmou Montesquieu.[2] Por isso Arendt se inspirou na democracia ateniense e em Aristóteles, cuja preocupação em evitar o despotismo e a tirania dos governantes se aliava à Ética como ciência (a Deontologia como parte da Filosofia). No entanto, as condições propícias para a democracia direta ateniense,[3] em que os cidadãos participam diretamente da organização da vida na cidade e na confecção de suas leis, não se encontram mais entre nós.

O surgimento dos Estados modernos transformou radicalmente aquelas condições de existência coletiva, fundamentalmente porque o indivíduo já não é o sujeito da política, mas o "sujeitado" por ela. Por que o sujeito perde a centralidade no poder e passa a ser "violentado" por ele? Por que o poder não serve mais ao cidadão, mas o submete violentamente em meio a uma lógica tecnocientífica em nome da máxima eficiência da administração pública? Diz Arendt, porque os homens comuns, os do povo, se abstêm *a priori* de participar e ocupar a grande arena política, e são *a posteriori* também obrigados a isso, deixando os auditórios públicos mergulharem em um vazio que passa a ser ocupado por um certo tipo de profissional,

2. Montesquieu (1689-1755) apresentou três tipos de governo e estipulou os princípios correspondentes a cada um deles: Monarquia, cujo princípio era a "honra", Democracia, cujo princípio era a "virtude" e o Despotismo, cujo princípio era o "terror". Das três formas, devido a seus princípios, Montesquieu aderiu à Monarquia de sistema Parlamentar, nos moldes ingleses, porque acreditava ser mais fácil exigir do Rei a honra, a única coisa que o mantém com prestígio, do que alcançar a virtude de todos os cidadãos em uma democracia republicana.

3. Entre outras condições podemos apontar a baixa densidade demográfica com status de cidadania, a exclusão de elites produtoras, comerciantes, militares e financistas de participarem diretamente da política, a educação pública voltada para a cidadania e a devoção aos deuses, e sua importância crucial no estabelecimento da moral terrena permeada pelo julgamento no além da Alma (concepção do pensamento socrático que de alguma forma controla os apetites exacerbados do poder por parte dos governantes).

o especialista da coisa pública, o político e os tecnocratas estatais. A essa abstinência política ou omissão – que não deixa de ser um tipo de participação às avessas – cabe a despolitização e a possibilidade sempre real de governantes e do Estado. Será isto suficiente para que o poder se esvazie e o espaço público seja tomado por projetos fascistas e sistemas totalitários? *Basta a omissão e a abstinência política das massas dos Estados modernos para que a violência se oponha ao ordenamento jurídico e seja hegemônica em relação à política e ao poder legítimo legal-formal?*[4]

E aqui precisamos retornar à ambivalência entre liberdade e igualdade. Mais do que participar do "espaço-público" e ocupá-lo deve existir, como em Montesquieu, um princípio orientador desse fazer política, princípio que se transforma em verdadeiro "toque de Midas" a fazer toda a diferença nos resultados obtidos, para o poder legítimo e a possibilidade da democracia eficiente e paz efetiva, ou, por outro lado, a violência e o terror a sustentar, para lá da legalidade e por dentro dela mesma, o arbítrio do fascismo e o messianismo de movimentos totalitários.

Se o princípio, a escolha e o imperativo político forem a *liberdade*, e esta acima da *igualdade* material – bens necessários à sobrevivência –, então é real a possibilidade de uma democracia constitucional forte e duradoura. A este *status* correspondem a *Antropologia política* de Clastres e a verdadeira compreensão da dimensão da alteridade

---

4. Nos sistemas autoritários pode existir legalidade do tipo formal positiva, mas ela serve apenas aos interesses estratégicos do totalitarismo, por exemplo, nas relações com outros territórios e países aliados, nos pseudotratados, temporários por natureza, com outras nações, porque a legalidade formal se choca filosoficamente e na prática com a noção totalitária de governo, pois o que deve ser preservado a qualquer custo é o próprio messianismo do movimento e da "Verdade Única do Fuhrer". Em um sistema totalitário até a própria temporalidade formal da lei positiva é incompatível e precisa ser substituída pela permanente situação de guerra, o inexorável estado de exceção, cuja "solução final" é uma impossibilidade prática prometida como bode expiatório do movimento, pois tal movimento se alicerça no terror e na violência permanentes contra o inimigo interno e externo. Este talvez tenha sido o ponto de inflexão entre Carl Schmitt – defensor da ideia que *soberano é quem decide no estado de exceção* – e o movimento nazista, quando o seu apego intransigente ao tecnocientificismo do direito lhe rendeu o confinamento nas prisões do terceiro Reich, logo ele que via no nazismo o suprassumo da ciência positiva moderna. Na verdade, muitos, como Schmitt, não perceberam ou não puderam afinal conviver com a verdadeira dimensão totalitária desses movimentos.

observada como práticas reais conscientemente desenvolvidas como estranhamento ao poder do Um-Único entre as sociedades sem Estado.

Se, por outro lado, o princípio, a escolha e o imperativo a orientar a ação política na luta pelo "espaço-público" forem a igualdade material – a questão "social por princípio" e não a "política em si" –, então o caminho trilhado apresentará todas as condições necessárias e propícias para que se instaure entre os homens o autoritarismo e o despotismo, destarte qualquer tipo de legalidade formal positiva, usando-a mesmo como tecnociência moderna a modelar as estratégias políticas e o "cinismo" necessário ao messianismo totalitário, que se apresenta sempre como redentor das desigualdades e do "achocalhar" das massas excluídas.

Afinal, bem vistas as coisas, mais do que a própria omissão e a despolitização dos indivíduos, o que os convence a deixar de ser cidadãos e ingressarem em movimentos totalitários é a *igualdade*, a solução para a pobreza material e as condições extremas em que se encontram, onde nada mais há a perder porque mais nada há para conquistar, e o sonho se tornou já impossível. Paradoxalmente, essas mesmas massas despossuídas rapidamente se tornam "órfãs" da relação política com o Estado. Suspensas e "sacras", como diz Agamben,[5] tornar-se-ão mais tarde ou mais cedo o próprio material a ser dizimado pelo movimento em sua lógica perversa e doentia de purificação, como se veem ainda entre nós os grupos neonazistas.

Há de se combater essa situação intolerável que está relacionada com a visão ortodoxa da *Antropologia econômica*, pois esta privilegia o econômico / social e não o político, e então a causalidade entre estruturas econômicas e políticas seria "linear", passando despercebido que alterações na infraestrutura produtiva não acarretam imediata e diretamente alterações superestruturais – culturais, religiosas, políticas –, pois como afinal afirma Maurice Godelier, "Por um lado, as estruturas não econômicas não podem 'sair' das relações econômicas,

5. Agamben, Giorgio: "Esta violência – a morte insancionável que qualquer um pode cometer em relação a ele – não é classificável nem como sacrifício e nem como homicídio, nem como execução de uma condenação e nem um sacrilégio. (...) Soberana é a esfera na qual se pode matar sem cometer homicídio e sem celebrar um sacrifício, e sacra, isto é, matável e insacrificável, é a vida que foi capturada nesta esfera" (Homo Sacer, Belo Horizonte: UFMG, 2004, p. 90-91).

e a causalidade do econômico não pode apresentar-se como a gênese da superestrutura fora da infraestrutura" (*op. cit.*, p. 233).

De certa forma é isto que se condena quando se coloca a *igualdade* como fundamento da ação política, ou o econômico como determinante do político. As sociedades primárias nos ajudam a romper com esse determinismo e linearidade, na medida em que se observa que a própria infraestrutura é composta por duas estruturas *irredutíveis*, mas *correspondentes* entre si, as forças produtivas (mecanismos e formas de produção) e as relações de produção (a organização social de produção que emana daqueles mecanismos), onde "é necessário partir do fato de, para Marx, cada estrutura social ter um conteúdo e um modo próprios de funcionamento e de evolução" (Godelier, *op. cit.*, p. 233). Por exemplo, relações de parentesco (Mbuti, pigmeus que habitam a floresta equatorial do Congo) ou a própria religião (no Tibete ou os antigos incas) podem funcionar como relações de produção, portanto, demonstrando como "categorias" superestruturais podem ser diretamente identificáveis com a infraestrutura econômica.

> Mostramos, assim, que as relações de parentesco funcionavam diretamente, ao mesmo tempo como infraestrutura e superestrutura de numerosas formações sociais primitivas, e que a unidade e correspondência entre economia e parentesco não podiam ser estabelecidas como relações externas, mas sim como relação interna das diversas funções assumidas pelas estruturas de parentesco (Godelier, *op. cit.*, p. 247).

8.2. ANTROPOLOGIA POLÍTICA E OS PROBLEMAS DA LIBERDADE

Hannah Arendt ao esboçar uma crítica ao "intervencionismo" e "decisionismo" estatal presentes em Rousseau e Marx não deixa de usar certo *proselitismo*. No cerne dessa crítica está a centralidade colocada no "nível" da igualdade. Assim, de alguma forma, Arendt faz prevalecer o *liberalismo* burguês de Locke. Como se sabe, o problema, contudo, do liberalismo ou do foco na *liberdade*, é que na maioria das vezes sob seu manto se esconde o problema da desigualdade ontológica como fato social. Um discurso superficial, que não é o caso de Arendt, mas muito comum, acaba por redundar na apologia da desigualdade ou na falibilidade e inelutabilidade do esforço político dos homens em acabar com a desigualdade, reforçando-a como "fenômeno natural", que, claro está, é tudo o que as classes dominantes e as elites sociais precisam para consolidar seus bens e privilégios, reduzindo as narrativas de justiça social à formalidade viciada da lei e do direito de propriedade e sucessório. Reforça esse discurso a retórica da escassez inelutável e da supremacia de homens mais dotados do que outros.[6] Entretanto, é possível ver que tanto em Rousseau como em Marx a igualdade não é colocada irresponsavelmente a descartar das preocupações socioeconômicas a questão jus filosófico-política com respeito à igualdade.

> A crítica de Hannah a Marx é ambivalente porque ela o acusa de abandonar a centralidade da liberdade pela politização da economia e pela introdução do "problema social", uma questão concreta, no problema da liberdade, que só pode ser um fim em si mesma. Trata-se, claro, de uma acusação mal dirigida. Marx permaneceu toda a vida um filósofo da liberdade, até mesmo num grau já inaceitável para Hannah. Ele detestava tanto todo tipo de autoridade que queria abolir inteiramente o estado, junto com todos os Deuses. Por outro lado, Hannah observa corretamente o traço particular que dá um poder explanatório enganosamente tranquilo e bastante sedutor à teoria marxista. Marx, o maior dos hegelianos, acreditara firmemente na evolução e no caráter processional da história universal, com "leis" históricas como acessórios indispensáveis (Agnes Heller & Ferenc Fehér, *A condição política pós-moderna*, 1998, p. 138).

Por outro lado, a centralidade da Liberdade como princípio capaz de evitar a tirania e o totalitarismo, já há muito igualmente foi questionada por Alexis de Tocqueville (1805-1859), em sua obra magistral *Democracia na América*. Diz-nos ele:

> Quanto mais examino com atenção as necessidades e tendências naturais dos povos democráticos, mais me convenço de que, se alguma vez a igualdade social for estabelecida, geral e permanentemente, no mundo, as grandes revoluções intelectuais e políticas se tornarão mais difíceis e menos frequentes do que se supõe. (...) Se os

6. Como em David Hume (1711-1776): "Mas os historiadores e mesmo o senso comum podem nos informar que, por mais plausíveis que pareçam estas ideias de uma perfeita igualdade, elas são, no fundo, realmente impraticáveis, e, se não fossem, seriam extremamente perniciosas para a sociedade humana. Por mais iguais que se façam as posses, os diferentes graus de habilidade, atenção e diligência dos homens irão imediatamente romper essa igualdade" (*Uma investigação sobre os princípios da moral*. In Bittar, Eduardo & Almeida, Guilherme. *Curso de filosofia do Direito*. 4ª ed. São Paulo: Atlas, 2005, p. 206).

> homens continuarem a se fechar cada vez mais estreitamente dentro do círculo apertado dos interesses domésticos e a se agitarem aí sem repouso, pode-se recear que venham acabar por se tornarem inacessíveis às grandes e poderosas emoções públicas que perturbam os povos, mas que os desenvolvem e os renovam (1969, p. 314-315).

E conclui:

> Acima dessa corrida de homens ergue-se um imenso poder tutelar que, sozinho, toma a si o encargo de garantir a satisfação de seus desejos e de prestar vigilância sobre seu destino. Esse poder é absoluto, minucioso, regular, providente e brando. Seria como a autoridade de um pai, se à semelhança dessa autoridade seu objetivo fosse o de preparar os homens para serem adultos, mas ele busca, ao contrário, conservá-los em perpétua infância; ficará contente se o povo folga e brinca, desde que não pense senão em seus folguedos (*op. cit.*, p. 349).

Tocqueville "viu" de forma profética a realidade autoritária à beira do gigantismo dos Estados atuais, a realidade pseudodemocrática em que vivemos. Citadamente, a dos EUA, que Arendt teve o privilégio de não "viver" para ver em que tipo de "democracia" ele se transformou. Se é verdade que o discurso da *igualdade* impele substancialmente a formação de regimes despóticos, não é menos verdade que o princípio da *liberdade* não é por si só garantia de que tais regimes não se entronarão entre nós. Se acreditarmos no princípio da Liberdade para evitar que a própria democracia, mesmo com a participação popular nos movimentos políticos de ocupação dos espaços públicos, se converta em algum tipo de tirania, não é menos verdade que por esse mesmo princípio chegamos igualmente a ela.

Infelizmente a liberdade reforça mais os sentimentos individualistas e a despreocupação com a política, esta tida como consciência prática da vida coletiva, do que a igualdade. Uma vez garantida a igualdade material, a preocupação pelo coletivo se esvai como que num passe de mágica, pois a democracia incentiva logicamente essa liberdade e o individualismo para além das preocupações universais do bem-estar geral. A liberdade, principalmente entre as sociedades de livre mercado, leva mais e mais ao egoísmo político e à total abstinência da preocupação com a coisa pública, desde que a democracia seja eficiente em proporcionar a realização das demandas materiais sociais. *Aqui a Liberdade não é garantia de liberdade, e a democracia cria massas despolitizadas e apáticas do ponto de vista político. Estas não são massas paupérrimas e excluídas; os beneficiários da inclusão social constroem a possibilidade do totalitarismo.*

O nazismo foi criação da democracia burguesa parlamentar e o stalinismo da revolução popular proletária e camponesa; ambas levaram ao totalitarismo pela cooptação das massas despossuídas e miseráveis que serviram em seguida à banalização da vida e à aceitação estratégica da mais pura violência em nome da igualdade. *As democracias atuais, pelo menos entre as sociedades mais desenvolvidas economicamente, levam permanentemente à tirania dos sistemas públicos e privados e à mesma prepotência e desconsideração cabal do fenômeno humano.*

8.3. A ALTERIDADE E O CUIDAR DE SI

As sociedades primárias jamais se deixaram enredar nos artifícios do poder absoluto do Um-Único. Mesmo aquelas onde "algum poder" surgiu por condições adversas à sua própria necessidade e desejo, sempre a práxis tem o sentido de total estranhamento a evitar que a autoridade se transforme em poder estatal. A **Alteridade** já é condição *sine qua non* para que a liberdade seja realizada como princípio natural pelos ditames cosmológicos e da natureza. A igualdade não vai além da reciprocidade com relação à mais básica necessidade da sobrevivência coletiva. O que as sociedades primárias nos demonstram é que a *liberdade* e a *igualdade* constituem uma unidade fundante que, destarte, a complexidade e diversidade das formas de existir e inserir no ambiente se mantêm intrinsecamente unidas como uma totalidade.

Nesse sentido, não é descabido dizer que a grande característica das sociedades com poder e Estado seja exatamente a capacidade de ter separado estes princípios fundantes, *liberdade* e *igualdade:* ao fazê-lo nos obrigamos a enveredar por caminhos insólitos e problematizações infindáveis que só podem, bem vistas as coisas, ao nível da consciência política e ecológica que possuímos, acabar na centralização do Estado e na subserviência às suas tecnociências. A este emaranhado de desconsiderações a retalhar a **Unidade do Diverso**, a este privilégio ora do político, ora do social, ora do econômico, ora do jurídico, ora do poder em si mesmo, corresponde um total esvaziamento da consideração do fenômeno humano e da nossa epopeia terrena, que mais não pode ser senão a busca da felicidade e do *cuidado-que-se--deve-ter-consigo-mesmo.*

Para além das condições "propícias" anteriormente mencionadas em que se fundamentava a democracia nas cidades antigas, existiu algures uma preocupação no **cuidar de si** entre os pensadores greco-romanos. Posteriormente, o "cuidar de si mesmo" caminhou para o "conhece-te a ti mesmo" e finalmente o cristianismo e nosso cartesianismo consagraram o **conhecimento de si** como princípio fundamental. *Este "conhecimento de si" está histórica e contextualmente voltado para o medo e a "domesticação" que parte da redução política que se faz do gênero humano.*

> Em suma: houve uma inversão de hierarquia entre os dois princípios da antiguidade, "cuida de si mesmo" e "conhece-te a ti mesmo". Na cultura greco-romana o conhecimento de si surgiu como consequência do cuidado de si. No mundo moderno, o conhecimento de si constitui o princípio fundamental (Foucault, "Tecnologias de si." *In Verve,* 2004, p. 329).

Os Primevos usam da magia, dos rituais, das festas, das atividades econômicas e da guerra, como formas de "cuidar de si", pouca importância dando ao "conhecimento de si", pois toda a práxis está voltada para a integração, para o todo, para a harmonia totalizante com a natureza. O conhecimento pessoal de cada um, como ponto de partida, tem pouca ou nenhuma importância para o indivíduo, porque ele só se vê como parte de algo maior, mais rico, e busca a paz nessa totalidade. Isto não significa que exista o relaxar do "cuidado de si", porque essa "inclusão" só pode ser efetivamente realizada com sucesso se eu estiver em harmonia com o todo. *Então o "cuidado de si" assume o papel de higiene física e espiritual cosmológica, e assim une o indivíduo ao grupo sem necessidade de perder algo de sua identidade, mas o reforça pelo coletivo,* como no caso dos índios Guayaki, em que cada "arco" e "cesto" é diferente de indivíduo para indivíduo, distingue-o enquanto produto irredutível e único de seu trabalho, mas, ao mesmo tempo, são artifícios de integração coletiva enquanto instrumentos econômicos de produção.

Afinal, mesmo em termos de nossa moral e ética, o que poderia ser mais decente e responsável que "cuidar de si" como parte do "manter a si" coletivo?

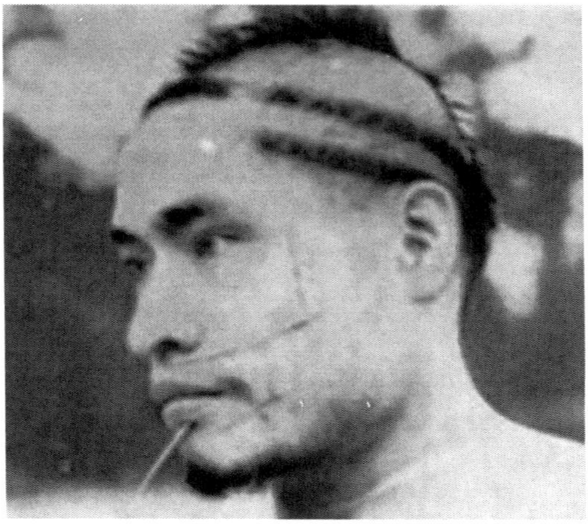

Fig. 8.2 – Índio Guayaki do Paraguai, que até 1960 praticavam o canibalismo. Fonte: https://www.indiansworld.org/Nonmeso/ache_guayaki_agony07.html#.WkWPbvCnG01

Parte II

BREVE ESTUDO DO CASO BRASILEIRO

Capítulo

9

BRASIL: UMA UTOPIA NACIONAL

Semióforo é um símbolo usado para que se passe uma noção mística de uma realidade. A construção da identidade nacional, a partir do Estado brasileiro, desde 1500, é articulada a partir de semióforos, quer dizer, certos símbolos que reconstroem a mística do país Brasil e de ser parte do povo brasileiro. Ao longo de nossa história, esses semióforos apontam para uma nacionalidade que pode ser traduzida como *verdeamarelismo* (Chauí, *Mito fundador e sociedade autoritária*, Brasil: 2000).

Em suma, nossa nacionalidade, esse sentimento que une um povo e o transforma culturalmente em nação, no caso brasileiro se dá pela intervenção e representação direta dos governantes e do Estado, de cima para baixo; essa invenção governamental da nação brasileira é assim construída permanentemente, até nossos dias, através de uma simbologia própria de nosso espectro multicultural, que, contudo, não revela por completo as vicissitudes de um cotidiano profundamente marcado pela desigualdade, descriminação, dominação e exploração das elites.

Os semióforos executam, portanto, um papel de homogeneização com vistas a uma aproximação cultural diversa e mesmo conflituosa, e nosso verdeamarelismo funciona como uma visão distorcida e invertida da realidade brasileira, mas capaz, devido a essa realidade profundamente discricionária, e na medida em que esconde essa mesma realidade, de produzir um certo sentimento de coletividade universal entre o tão diverso da realidade de nosso povo.

Por outro lado, agrava-se essa conjuntura quando percebemos que, obviamente, os que poder têm dentro dessas condições de desigualdade e descriminação, as elites, usarão esse verdeamarelismo para reproduzirem as condições reais e concretas de alijamento da participação popular, da construção da nacionalidade e do Estado a partir do movimento da própria sociedade, dando condições à perpetuação dessa dominação e exploração do cidadão, solapado subliminarmente de sua efetiva e real condição de reivindicar por essa atenção igual que como cidadão todo o brasileiro deveria ter. Neste contexto, os semióforos, ainda que sejam qualidades e características de nossa peculiar multidiversidade étnica, racial, religiosa, em conjunto com a exuberância e riquezas de nossa natureza, constroem muito mais uma "ideologia" (cf. *O que é ideologia* de Marilena Chauí) das classes dominantes capaz de subverter a realidade de carência de cidadania e esgotamento do modelo liberal-progressista sem a efetiva participação do povo. Nosso verdeamarelismo é, na verdade, um mito em si mesmo, construído permanentemente por outros tantos mitos a partir de símbolos que nos colocam como especiais em alguma coisa, menos naquelas que realmente deveriam ser especiais, como moradia, saúde, educação, transporte, lazer, ou ainda honestidade, seriedade, justiça e orgulho de ser brasileiro.

9.1. A HISTÓRIA E OS SEMIÓFOROS

O *sistema patrimonial* brasileiro é profundamente elitizado desde a origem de nosso país (cf. *Os donos do Poder* de Raymundo Faoro [1925-2003]). O **Descobrimento**[1] do Brasil em 1500 é acontecimento previsto e sua realização está ligada à predestinação heroica do povo português. Entre outras crenças estão as profecias dos profetas Isaías e Daniel, exemplarmente explicadas pelo Padre Antonio Vieira (1608-1697) como sendo relacionadas biblicamente com o Brasil e com seu "descobridor", Portugal. Diz ele:

---

1. Segundo Carmen Junqueira, "descobrir" significa "chegar primeiro"; neste sentido os verdadeiros descobridores do Brasil seriam os povos pré-colombianos que primeiro chegaram ao nosso território (*Antropologia indígena*, 2002, Edpuc).

> Pois esta terra que descreve o profeta (Isaías) que está situada além da Etiópia e é terra depois da qual não há outra, estes dois sinais tão manifestos só se podem verificar da América.(...) Digo primeiramente que o texto de Isaías se entende do Brasil.(...) Mas (...) se o império esperado, como diz no mesmo título, é do mundo, as esperanças por que não serão também do mundo, senão só de Portugal? A razão (perdoe o mesmo mundo) é esta: porque a melhor parte dos venturosos futuros que se esperam e a mais gloriosa deles será não somente própria à Nação portuguesa, senão única e singularmente sua.(...) Para os inimigos será a dor, para os êmulos a inveja, para os amigos e companheiros o prazer e para vós, então, a glória, e entretanto as Esperanças. (Padre Antônio Vieira, *História do futuro* ou Do Quinto Império do mundo e as esperanças de Portugal, 1659).

Como se vê, desde o início o Brasil está destinado a ser conquistado por um povo elevado e escolhido por Deus, para qual seus desígnios de povoamento e expansão de sua "verdade" sejam espalhados por todos os continentes: esse povo é a nação portuguesa e o desvio de rota guiado divinamente é o mito fundante da futura nação brasileira. Ainda que repetidamente os historiadores e cientistas de forma geral tenham afirmado que a chegada da esquadra de Cabral não tenha sido acidental, o fato é que no imaginário do povo brasileiro o mito do descobrimento permanece, pois remete a uma visão religiosa de destinação dos propósitos de Nosso Senhor, eficiente em um país absolutamente devotado à fé cristã (atualmente 87% da população brasileira é de cristãos, sendo 123 milhões de católicos e cerca de 42,3 milhões de evangélicos – IBGE/2010).

A sagração divina se estabelece e fortifica em outro ícone de nossa brasilidade, a exuberância de nossa natureza. A prova mais concreta da predestinação divina está no território abençoado por Deus, de tal formosura e riqueza que não restam dúvidas de que só pode ser obra de Deus e que o povo que aqui se estabelecer colherá os frutos desse berço esplêndido. Não é por acaso, pois, que desde o primeiro contato com esta terra o colonizador demonstre seu deslumbramento, mesmo quando ainda não podia comprovar suas riquezas, mas as adivinhava e a seus potenciais só pelo vislumbre de suas matas, rios, praias e gentes.

> Tem, ao longo do mar, nalgumas partes, grandes barreiras, delas vermelhas, delas brancas; e a terra por cima toda chã e muito cheia de grandes arvoredos. De ponta a ponta, é tudo praia-plana, muito chã e muito formosa.

> Pelo sertão nos pareceu, vista do mar, muito grande, porque, a estender os olhos, não podíamos ver senão terra com arvoredos que nos parecia muito longa.
>
> Nela, até agora, não pudemos saber que haja ouro, nem prata, nem coisa alguma de metal ou ferro; nem lho vimos. Porém a terra em si é de muito bons ares, assim frios, assim temperados, como os de Entre Doiro e Minho, porque neste tempo de agora os achávamos como os de lá.
>
> Águas são muitas; infindas. E em tal maneira é graciosa que, querendo-se aproveitar, dar-se-á nela tudo, por bem das águas que tem.
>
> (...) Andavam todos tão dispostos, tão bem-feitos e galantes com suas tinturas, que pareciam bem (...). Andavam já muito mansos e seguros entre nós, do que nós andávamos entre eles (...). Eles não lavram nem criam (...). Nem comem senão desse inhame, que aqui há muito, e dessa semente e frutos, que a terra e as árvores de si lançam. E com isso andam tão rijos e tão médios que o não somos nós tanto, em maioria que são muito mais nossos amigos que nós seus. (Pero Vaz de Caminha, *Carta a El-Rei D. Manuel*, 1 de maio de 1500).

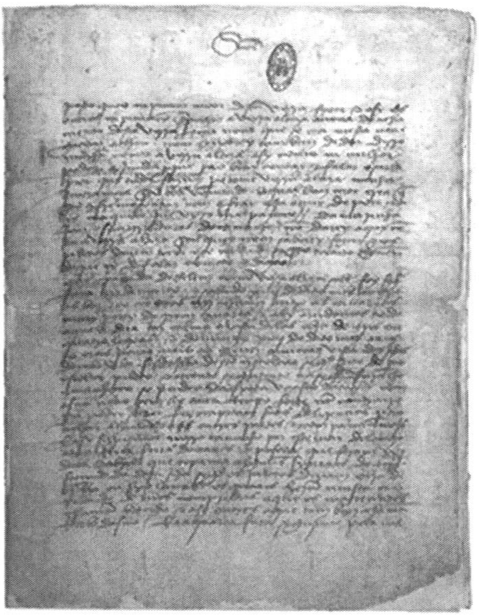

Fig. 9.1 – Carta de Pero Vaz de Caminha ao rei D. Manuel (1500).

Durante a **Colônia**, de 1500 a 1822, e ainda durante o Império, até 1889, o verdeamarelismo foi construído a partir da exuberância da natureza e das suas riquezas. Esta sagração da natureza aliada ao poder da Igreja e dos colonizadores, durante a Colônia, e dos latifundiários escravocratas, até o fim do Império, construiu o mito de uma terra abençoada por Deus cujo povo descobridor e conquistador escolhido divinamente (e seus descendentes) deveria transformar em um grandioso país. O que o verdeamarelismo deste vasto período escondeu foi a escravidão de índios e negros, o processo histórico determinado do mercantilismo europeu à época e, fundamentalmente, a reprodução do sistema feudal – Capitanias Hereditárias e Governos-Gerais com propriedade fundiária outorgada –, eliminado em Portugal, em terras brasileiras.

No período **Republicano** o Estado Novo, em 1937, as elites fundiárias brasileiras continuam a usar mão de obra negra, os ex-escravos recém-alforriados, mas explorados nos canaviais, efetivamente tratados em condições não muito diversas daquelas do período colonial e imperial (cf. *História econômica do Brasil* de Caio Prado Júnior [1907-1990]). Neste período também, essas mesmas elites passam a importar mão de obra europeia para atender, principalmente no sudeste e sul do país, à agricultura extensiva exportadora, notadamente do café. Nesse contexto, o verdeamarelismo continua ainda fortemente alicerçado na exuberância da natureza e na profética exploração e desenvolvimento do Brasil. De fato, a "implantação" da república apenas transferiu, na calada da noite, o poder das elites latifundiárias do Império para a Primeira República. O verdeamarelismo desse período esconde exatamente isto, a reprodução do poder latifundiário no Estado, a permanência do modelo agroexportador do café e do açúcar, a exploração da mão de obra nativa, de negros e índios e seus descendentes, e dos trabalhadores rurais vindos de fora fugidos da miséria e das guerras, como a 1ª Grande Guerra (cf. *A economia da dependência imperfeita* de Francisco de Oliveira).

Novidade só mesmo com a Revolução de 1930 e a ascensão ao poder de Getúlio Vargas, que acaba culminando em 10 de novembro de 1937 com o golpe que instaurou o estado novo. Na contramão do poder secular das elites fundiárias brasileiras, e estando impossibilitado de fato de concretizar a Revolução de 1930, de cunho eminentemente industrializante e com vistas a atender a uma burguesia ansiosa por substituir as importações e o modelo agrário exportador (cf. *Da substituição das importações ao capitalismo financeiro*, de Maria da Conceição Tavares), o Estado Novo emerge em meio a uma ditadura produto da articulação entre os militares, a burguesia industrial das grandes cidades – São Paulo e Rio de Janeiro –, e o idealismo sulista de Getúlio Vargas em acabar com a política do "café com leite" (acordo entre São Paulo e Minas Gerais na alternância do poder federal). Durante o Estado Novo (1937-1945) a questão nacional serve de verdeamarelismo, na medida em que enfatiza, de um lado, a centralidade do poder no Estado, unindo-o, pela figura do governante máximo, à nação, e, de outro, o próprio povo com suas características culturais próprias.

Desse período é a obrigatoriedade, por exemplo, do culto à bandeira e ao hino nacionais nas escolas de todos os graus, e a ideologia integralista fascistoide do movimento Ação Integralista Brasileira – AIB.[2] O que este "verdeamarelismo" escondeu foi uma ditadura sangrenta, um estado de arbítrio com fechamento do Parlamento brasileiro, uma submissão dos princípios federalistas ao nacional-populismo fascista de cunho europeu. Escondeu ainda a ascensão ao poder da burguesia industrial e financeira nacional, urbana, em consonância com os interesses multinacionais que sufocaram e assimilaram os movimentos dos trabalhadores, operários fabris, frente ao capital, na preparação daquilo que seria o início da inserção do Brasil ao movimento capitalista internacional.

Após o fim do Estado Novo, o Brasil conhece breve período democrático, principalmente no governo de Juscelino Kubitschek cujo verdeamarelismo se consolidou no desenvolvimentismo, finalmente um país industrializado voltado para o mercado interno, que havia de se desenvolver "50 anos em 5". Para captar capital externo o Brasil empreendeu uma reformulação administrativa do Estado cujo marco, a mostrar ainda, uma vez mais, a grandiosidade do país, é a construção de Brasília e o deslocamento rumo ao sertão da máquina político-administrativa do Estado. Em 1958 o Brasil ganha o primeiro campeonato mundial de futebol e, quatro anos depois, em 1962, o

---

2. Movimento paramilitar de extrema direita, inspirado no fascismo italiano de Benito Mussolini (1883-1945), criado em 1932 no Brasil pelo romancista Plínio Salgado. De mesmo teor ideológico forma-se em 1960 um movimento intitulado "Tradição, Família e Propriedade – TFP", cujo fundador foi Plínio Corrêa de Oliveira, movimento paramilitar subsidiado por alas de direita da Igreja Católica e pela Ditadura Militar da década de 1960. Este último ainda hoje em ativa militância.

bicampeonato. Dessa época o semióforo *futebol* realiza esplendidamente o sentimento de ser brasileiro, em expressões como "a copa do mundo é nossa, com brasileiro não há quem possa", o brasileiro é "bom de couro" e "bom no samba".

O que todo esse ufanismo esconde é a continuação de um processo de internacionalização do Brasil ao modo da produção capitalista e à conveniência americana de um parceiro latino-americano de peso, que desde a década de 1950 vem sendo perseguido pelas agências de estado norte-americanas. Desde o "folclore" de Carmem Miranda e seu parceiro, o papagaio malandro, Zé Carioca, criado por Walt Disney, até o Projeto Condor, criado pela CIA para estabelecer as ditaduras pró-direita no continente sul-americano, nas décadas de 1960 e 1970 (cf. *A ditadura escancarada* de Elio Gaspari), o "verde-amarelismo" não resistiu aos poucos movimentos de "denúncia velada", tais como o esforço efetuado pelo Instituto Superior de Estudos Brasileiros – ISEB, ainda nos anos 1950, o trabalho dos Centros Populares de Cultura – CPCs, já no governo Goulart, ou mesmo o Cinema Novo de Glauber Rocha (1939-1981), o Tropicalismo[3] (Caetano Veloso e Gilberto Gil) ou a MPB de protesto (Chico Buarque).

Quando a seleção brasileira de futebol se sagrou tricampeã no México, o Brasil vivia uma **Ditadura** das mais sangrentas e truculentas, exatamente durante o governo do general Emílio Gastarrazu Médici – de 1969 a 1974 –, período de perseguição política, de prisões arbitrárias noturnas, torturas, assassinatos e desaparecimentos até hoje não explicados. Mais uma vez o semióforo futebol, agora aliado à indústria turística, vendem o Brasil, para fora, e para o próprio povo, como o país do "futebol e do samba", do "Carnaval" e das "praias com mulheres fantásticas", tudo em nome do "Brasil Grande" e do "Brasil: ame-o ou deixe-o".

---

3. O Tropicalismo de Caetano Veloso *(Alegria, alegria)* e Gilberto Gil (*Domingo no parque*), iniciado em festivais dos anos 1960 – festival da TV Record de 1967 –, "adota as ideias do Manifesto Antropofágico de Oswald de Andrade para aproveitar elementos estrangeiros que entram no país e, por meio de sua fusão com a cultura brasileira, criar um novo produto artístico. Também se baseia na contracultura, com a utilização de valores diferentes dos aceitos pela cultura dominante, incluindo referências consideradas cafonas, ultrapassadas ou subdesenvolvidas" (Enciclopédia Portuguesa e Brasileira. Lisboa: Edições Zairol, 1999).

9.2. IDENTIDADE NACIONAL "DE CIMA PARA BAIXO"

A visão idílica ficou tão profundamente estabelecida que muitos séculos depois ainda nossos "nacionalistas" usavam (e usam) dessa Sagração da Natureza para explicar os destinos superiores dos brasileiros, como no caso de Joaquim Osório Duque Estrada (1870-1927), autor do poema que compõe o Hino Nacional, ou de Afonso Celso (1860-1938), último presidente do Conselho de Ministros do Império, autor do polêmico livro *Porque me ufano de meu país*: "(...) há uma lógica imanente: de tantas premissas de grandeza só sairá grandiosa conclusão, (pois Deus) não nos outorgaria dádivas tão preciosas para que as desperdiçássemos esterilmente (...). Se aquinhoou o Brasil de modo especialmente magnânimo, é porque lhe reserva alevantados destinos". (Afonso Celso. *Apud* Marilena Chauí, Mito fundador e sociedade autoritária, 2000, p. 75).

O Brasil é, desde sua "descoberta", esse paraíso destinado à grandiosidade que Deus e a natureza, por Ele feita, projetam no imaginário popular. Contudo, essa grandiosidade no início deverá ser construída pelo colonizador, primeiro o português, fadado profeticamente a empreender esta missão de império, depois cobiçado por outras nações coloniais dos séculos XVI e XVII, como Espanha e Holanda, que por aqui estiveram procurando firmar seu império colonial no ultramar. Então, o eufemismo profético aliado à devoção do colonizador instaura nas terras brasileiras o **Mito Fundador** de conformidade com os interesses do projeto mercantilista das potências coloniais seiscentistas, primordialmente, entre nós, de Portugal. *No fundo, o tripé Deus, Natureza e Colonização remetem em nossos arquétipos mentais substâncias que derivam deste fundar mítico que em suas entranhas escondem um projeto histórico de colonização e dominação, até nossos dias, das elites, que usam precisamente estes mitos como forma de criar a nacionalidade brasileira à revelia dos verdadeiros e justos interesses da maioria do povo.*

Nesse contexto, ainda a passagem do Império à República se insere nesta visão de Brasil e nas características próprias coloniais. A proclamação da república transfere de fato as características de um país colonial para um outro tipo de Estado e governo, mas sem intervir ou pretender alterar significativamente as prerrogativas das elites brasileiras com pouco ou nenhum proveito para a esmagadora maioria do povo.

Como se percebe, os semióforos são parte integrante de nossa cultura, do descobrimento até nossos dias. A construção do verdeamarelismo perpassa toda a história brasileira como condição vital para que o Estado construa a identidade nacional, e seu correspondente jurídico, o Código Civil, de forma descendente e positivista (cf. *Raízes históricas e sociológicas do Código Civil brasileiro* de Orlando Gomes [1909-1988]). Esse modo de elaboração da nação brasileira, e de seus direitos, é confeccionado nas entranhas do poder, das elites e classes dominantes, alijando, assim, o povo e a sociedade brasileira de modo geral da elaboração de seu próprio sentimento de nacionalidade e das reivindicações pertinentes à construção da cidadania diante dos antagonismos de classes. O verdeamarelismo inaugurado sobre o mito da fundação da nação brasileira, que se instaurou sobre a sagração da natureza e do divino descobridor, ao invés de se extinguir nos períodos subsequentes, na primeira República, na República Nova, nas ditaduras militares, ao contrário, permaneceu como o alicerce fomentador da construção autoritária da nacionalidade brasileira. *Assim, o Brasil tem uma Identidade Nacional forjada de cima para baixo!*

Capítulo

10

A ANTROPOLOGIA DO DILEMA BRASILEIRO: MISCIGENAÇÃO E CARÁTER

É sabida a ideia que o povo brasileiro é **cordial**, ideia essa amplamente difundida interna e externamente desde os primórdios da fundação da Nação, compactuada de forma genérica entre nossos cidadãos. Talvez essa seja uma das poucas ideias que encontraria respaldo quase universal entre o povo de Norte a Sul, Leste a Oeste. Nos círculos acadêmicos essa ideia foi inicialmente difundida devido à magnífica obra de Gilberto Freyre (1900-1987), em seu trabalho mais conhecido: *Casa Grande e Senzala (1933)* (*Sobrados e Mocambos (1936) e Ordem e Progresso (1957)* completam a trilogia desta obra). Nessa obra Gilberto Freyre tende a defender a ideia que com a mistura de raças, a miscigenação do branco português, do negro africano e do índio nativo, surgiu um caráter que promoveria a tolerância racial, e o que afastaria os brasileiros uns dos outros seria a cor e a situação de classe. Neste sentido, a desintegração social se daria através de condições histórico-econômicas e não exatamente pelo sentimento racista, o que, de certa forma, acabou por criar a ideia do caráter afável, não belicoso e solidário do povo brasileiro. Essas características moldariam o homem "cordial" brasileiro, uma ideia que não podemos deixar de remeter ao ideário do "bom selvagem" de Jean-Jacques Rousseau (1712-1778).

Fig. 10.1 – Gilberto Freyre.
Fonte: http://fundacaogilbertofreyre.blogspot.com.br/2010/11/fotos.html

O lado positivo, se assim se pode pensar, dessa ideia a favor do caráter cordial do homem brasileiro, é se opor a certos intelectuais xenófobos que viam exatamente na miscigenação – essa mistura de raças, credos, hábitos e tradições, mas fundamentalmente, nossa "coloração racial" –, um mal, um problema de fato que estaria condenando a Nação a um enfraquecimento, a uma degeneração que em poucas gerações tornaria o povo indolente, preguiçoso, apático, irresponsável e malandro – características de personalidade –, e raquítico, variolizado, predominantemente pardo, sujeito a todo tipo de epidemias, medíocre intelectualmente – características fisiológicas. Nesse sentido encontramos tais ponderações eugênicas em autores como Oliveira Viana (1883-1951). Em *Populações Meridionais do Brasil* temos frases emblemáticas a favor da eugenia racial, tais como: "Os 200 milhões de hindus não valem o pequeno punhado de ingleses que os dominam" (2005:155); em *A Evolução da Raça* se lê: "Entre a mentalidade do homem branco e do homem africano puro há uma diferença de estrutura, substancial e irredutível, que nenhuma pressão social ou cultural, por mais prolongada que seja, será capaz de vencer e iluminar" (1920:328).

Outro autor que compartilha dessas posições de "branqueamento" da raça brasileira é Octavio de Faria (1908-1980) – *Machiavel e o Brasil (1931)*. Nessa obra ainda universitária encontra-se a apologia a Oliveira Viana em passagens como: "Caminhos que levam em conta inicialmente a ausência no Brasil de homens de exceção e de um povo formado, capaz de arcar com certas responsabilidades – obstáculos fundamentais que fariam naufragar qualquer tentativa comunista no Brasil"; "E o indivíduo que, renunciando a ser ele próprio durante horas ou dias, pode fazer todos os excessos sem se 'sentir' – e sem 'ser' mesmo, de certo modo – culpado de nada, é esse indivíduo que simboliza o grande perigo 'social' e 'nacional' do carnaval"; "Massa inerte e indiferente, a nada reage. Ideia alguma levanta-a. Passa sem reclamar ou aprovar do Império para a República, assiste de longe a todos os movimentos da última década" (*2ª. ed., 1933:219*); "Refiro-me à grandeza de Silveira Martins, rebelado, (...) fazendo vibrar no senado do Império a sua grande resposta: 'Amo mais a pátria do que o negro'. A própria ação de Mussolini poderia se resumir numa frase semelhante que poderia ter dito aos socialistas: 'Amo mais a Itália do que o proletariado'. (Frase a aprender para repetir no Brasil quando o momento chegar.)" (*Idem:* 262). E esta frase foi realmente repetida, o momento chegou em 1964, com a ditadura militar.

Obviamente que estas visões da caracterização do povo brasileiro têm subsídio quando pensamos que na história brasileira, na nossa formação como povo e como Nação, tendemos sempre a contemporizar diante de situações mais estressantes e beligerantes, propensão pacificadora esta que é internacionalmente reconhecida como um exemplo para conflitos em outros países. Portanto, corre a favor das visões de cordialidade e fraqueza do povo brasileiro, um certo comportar social cotidiano de "composição", com forte pendor ao "favor", e atitudes menos belicosas diante dos momentos históricos de animosidade e iminência de guerra, que em outras culturas teriam, e realmente aconteceram, desencadeado guerras civis fratricidas e genocídios.

Por um lado, a miscigenação, esse homem "pardo" (se não totalmente por fora, pelo menos em sua alma!), esse sincretismo – para além da simples convivência tolerante –, teria dado ao povo brasileiro a sabedoria da contemporização, a sensibilidade da convivência, não necessariamente uma tolerância e fraternidade absolutas, mas, no plano social, uma estratégia de convivência que privilegia mais a composição, ou "deixa para lá", que em verdade pode ser entendido como a plataforma do "favor", não necessariamente altruísta, mas com relação a futuras expectativas de troca de favores. Gilberto

Freyre viu nesse brasileiro nordestino, não um ignorante ou fraco, indolente ou harmonioso, mas receptivo ao visitante, enaltecedor e que idolatra sua terra e sua gente, esforçado diante das adversidades contundentes e desumanas da natureza, capaz de passar fome, mas "oferecer o que não tem" ao de fora. De certa forma, a submissão do nordestino humilde às elites latifundiárias, aos coronéis, não deixaria de ser, nestes termos, e nos ermos do Brasil, uma estratégia de sobrevivência que afirmaria essa "cordialidade". Afinal Euclides da Cunha (1866-1909) – *Os Sertões* –, o afirmou: "O nordestino é antes de tudo um forte".

Por outro lado, na visão dos autores que defendiam o **Higienismo Racial (Racismo)**, essa mistura apresentava, no plano mais da antropologia física, quase uma **Paleontologia** do homem brasileiro, um povo apático, atarracado, preguiçoso e débil mentalmente, incapaz de arcar com seu destino de construir uma Nação importante no cenário internacional. O subdesenvolvimento endêmico, o analfabetismo, as doenças tropicais, a miséria provocada pelas elites, o descaso dos governantes corruptos, eram vistos como sintomas dessa degeneração do povo e da raça em território brasileiro. Ao invés de se ver os problemas brasileiros como consequências do desmando e alijamento compulsório da América Latina como periferia imposta pelo sistema econômico internacional à época, os autores xenófobos ensinavam sobre a miséria racial e climática – viver nos trópicos com o seu sol majestoso era fatídico para esse desleixo e nanismo do brasileiro.

Não se deve desconsiderar a ambientação política em que estas teorias, tanto a do *brasileiro cordial* quanto do *brasileiro anêmico,* foram desenvolvidas fortemente sob o governo "forte" de Getúlio Vargas (1882-1954), entre os anos de 1937 e 1945. Por outro lado, este é o período de enfrentamento na Europa, e igualmente na América do Sul, entre as ideologias de direita, como o fascismo e o nazismo, e de esquerda, como o socialismo e mesmo o anarquismo. É interessante que os autores mencionados eram advogados, literatos, com forte penetração nos meios de comunicação jornalística da época, inclusive tendo alcançado o estrelato como membros da Academia Brasileira de Letras. Neste ínterim, pode-se ainda encontrar exemplos singulares entre doutrinadores e juristas brasileiros importantes que expõem a mesma visão sectária com relação à formação racial da Nação. Por exemplo, Silvio Romero (1851-1914), *Mestiçagem e Literatura Nacional*, afirma: "O tipo branco irá tomando a preponderância, até mostrar-se puro e belo como no velho mundo. Será quando já estiver de todo aclimatado no continente. Dois fatos contribuíram largamente para tal resultado: de um lado a extinção do tráfico africano e o desaparecimento constante dos índios, de outro a imigração européia" (1978:55). Capistrano de Abreu (1853-1927), mencionado amiúde pelos autores da época, historiador – *Capítulos da História Colonial* (1907): "(...) cinco grupos etnográficos, ligados pela comunidade ativa da língua e passiva da religião, moldados pelas condições ambientes de cinco regiões diversas, tendo pelas riquezas naturais da terra um entusiasmo estrepitoso, sentindo pelo português aversão ou desprezo, não se prezando, porém, uns aos outros de modo particular – eis em suma ao que se reduziu a obra de três séculos" (*In* Octavio de Faria, Ob. Cit.: 149).

De muitas formas, a obra de Gilberto Freyre se opunha em termos de caráter às ideias dos xenófobos nacionais, e já continha o germe da ideia do homem cordial brasileiro. Mas foi Sérgio Buarque de Holanda (1902-1982) que cunhou definitivamente esta expressão ao usá-la em sua obra maior. A grande tese presente em *Raízes do Brasil* é que o povo brasileiro, ao contrário do que afirmava a etnologia anterior, não era *cordial* e nada tinha de *anêmico*. Em *Raízes do Brasil*, leva-se em consideração a miscigenação das três grandes raças que congraça o povo brasileiro, mas centra o foco no caráter gregário-familiar que herdamos dos portugueses ibéricos, e dessa forma, estaríamos sempre dispostos a manter a união da família e a procurar, por extensão, essa integração em algum grupo e com os outros. É essa característica que o autor colocou como a base de nossa "solidariedade" e "cordialidade". Sérgio Buarque por diversas vezes afirmou que o caráter "cordial" a que ele se referia devia-se a essa caracterização, à necessidade da construção da vida por aproximação familiar, cuja matriz era a educação e a sentimentalidade lusa, e tinha menos a ver com algum fundamentalismo não beligerante ou antianimosidade do brasileiro. Ao mesmo tempo – e aqui está, quiçá, sua maior contribuição para o entender do caráter do povo brasileiro –, o autor insistiu, devido a sua compreensão analítica marxista, que a cordialidade e o raquitismo físico-mental poderiam ser vistas como estratégias e sintomas de uma condição sócio-política, econômica e educacional que no caso brasileiro não pode ser entendido superficialmente fora de um sistema em luta pelo domínio de mercado mundial mais abrangente, que se acentua a partir do grande *crash* nas bolsas em 1929. Esta macrovisão da condição brasileira no cenário internacional ficou conhecida como **Teoria da Dependência**.

A cordialidade, como se disse, ainda que seja neste sentido do caráter familiar gregário herdado dos portugueses, não deixa, contudo, de lado, a realidade de violência nos grandes centros urbanos, assim como nas zonas rurais e nas fronteiras agrícolas mais remotas, ontem como hoje. A luta pela posse da terra no Brasil, a exploração da mão de obra boia-fria e do proletário fabril nos centros industriais, os ódios seculares entre famílias no sertão e na formação de alguns centros que se desenvolveram às custas do ódio, da grilagem, do assassinato, da lei do mais forte deixando à deriva o papel do Estado e do Direito, demonstram hoje como ontem o belicismo brasileiro. A espoliação dos índios, a discriminação contra os nordestinos, o descaso com os pobres e os favelados, a guerra pelo poder promovido pelas quadrilhas que comandam o narcotráfico e seus correlatos, a perseguição às minorias, a violência contra as mulheres, o abandono dos mendigos, dos menores de rua e dos velhos, também põem em questão a cordialidade e a fraternidade como formadora do caráter do povo brasileiro.

Quanto às limitações intelectuais e de verve que a miscigenação provocaria entre os brasileiros, é notório em primeiro lugar a velha tese da superioridade europeia, da civilização do velho continente em relação às colônias, o papel humanizador e civilizador dos colonizadores, e em segundo lugar a largueza intelectual e a força física dos povos chamados pretensiosamente de arianos. Na verdade todo esse discurso tinha um propósito, fortalecer a colonização em um processo de mercantilização que preparava a riqueza industrial europeia e, hoje o reconhecemos, afinal o grande processo de globalização mercantil e neoliberal atual. Foi assim que aquilo que superficialmente era sintoma de uma doença maior, o imperialismo, a escravização sem limites dos povos das Américas, apareceu na Antropologia e Etnografias brasileiras permeadas de afirmações racistas e desagregadoras, que afinal se mostraram falsas, mas que ainda nos passam uma mentalidade de "boiada", de conjunto sem identidade, sem inteligência, sem querer, sem brio. No entanto, serviram e ainda servem apenas o interesse secular das elites, dos poderosos, dos interesses exteriores, da despersonalização do homem brasileiro, daí que em nome da ordem, da segurança e do controle social, da oposição irracional aos pérfidos adeptos comunistas ateus, teses hobbesianas, darwinistas e comteanas nos atrasam o desenvolvimento há séculos.

Pode-se ver o quanto o povo brasileiro, sua miscigenação e seu sincretismo étnico nada têm de cordialidade sem brio e de insuficiência intelectual ou indolência, muito ao contrário, a tolerância e a fraternidade não impediram lutas intestinas e sérias que moldaram nossa história e nosso jeito de ser.

Na colônia, a Inconfidência Mineira e o martírio do alferes Joaquim José da Silva Xavier – o Tiradentes –, nascido em Minas Gerais, de matrimônio de pai português e mãe brasileira (1746), não são exemplos banais de indolência nem de raquitismo de caráter, como Octavio de Faria fez questão de afirmar de forma patética: "Na nossa história a Inconfidência Mineira pouco ou nada influiu. Foi um movimento limitadíssimo, uma conspiração sem importância. (...) Verdadeiramente, não podemos aceitar como herói (Tiradentes) a admirar entre todos esse simples homem de coragem, nem como grande movimento nacional essa Inconfidência Mineira...". Mas, curioso, desse mesmo homem que não é um herói, o autor diz: "(Tiradentes) É um homem de coragem cujo maior mérito é ter encarado a morte sem fraquejar, quando os demais conjurados procuraram fugir às responsabilidades" (*Machiavel e o Brasil*, 1933:259). Afinal entre os filhos desta terra e desta miscigenação existem homens de "coragem". Não se trata, obviamente, de quantificar os que fugiram ou os que deram a vida.

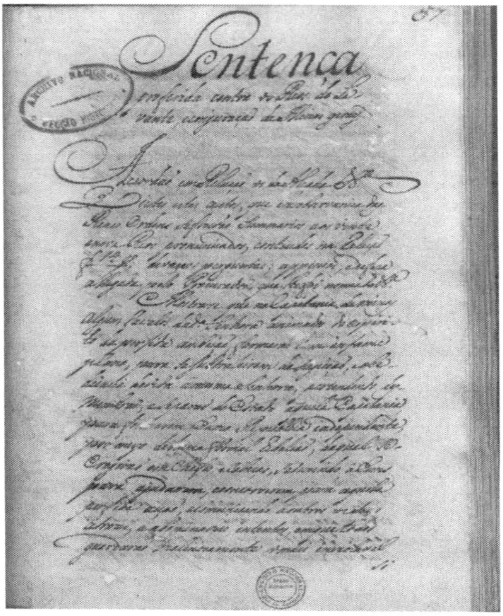
Sentença

Fig. 10.2 – Imagem do documento. "Sentença proferida contra os réus do levante e conjuração de Minas Gerais". Fonte: http://www.arquivonacional.gov.br

Em meados do século XIX a Guerra dos Farrapos, liderada pelo farroupilha Bento Gonçalves e capitaneada por Giuseppe Garibaldi, tentaram separar os estados do sul do resto do país, levando assim a uma das mais duras insurreições que o Império teve que enfrentar por dez anos (1835-1845). De 1864 a 1870 o Brasil entrou em guerra contra o Paraguai, formando junto com a Argentina e Uruguai a tripla aliança que combateu Solano Lopes. Solano Lopes havia invadido o Mato Grosso em território brasileiro. Vários generais da elite brasileira foram convocados para essa guerra, entre eles o General Osório e o Marechal Floriano Peixoto, ambos apelidados de comandantes "mão--de-ferro". Mesmo após a guerra ganha, D. Pedro II deu ordem para que Solano fosse perseguido e morto, a qualquer preço. O preço foi um genocídio contra o povo paraguaio que Solano ia deixando para trás para evitar sua captura. O marechal Floriano Peixoto foi o segundo presidente da República, após a proclamação em 1889.

No dia 01 de maio de 1900, a Comissão de Arbitragem de Genebra reconheceu o Amapá como sendo brasileiro na disputa com a França, considerando válido o Tratado de Utrecht, de 1713, que estabelecia os limites da América portuguesa. O responsável por representar o Brasil nessa disputa internacional foi José Maria da Silva Paranhos Júnior – Barão do Rio Branco. O Amapá recebeu primeiramente o nome de Araguari, em 1943 virou território com o nome atual e na Constituição de 1988 foi elevado ao status de Estado.

Com o Acre aconteceu que os brasileiros ocuparam o território que pertencia à Bolívia para trabalharem no garimpo de seringa e depois na empresa que construiu a ferrovia Madeira-Mamoré. Quando a exploração do látex da seringueira findou, esses colonos permaneceram no local e lutaram pela integração ao território brasileiro, enfrentando inclusive o exército boliviano (de 1899 a 1903). Finalmente o governo brasileiro, representado por Joaquim Francisco Assis Brasil, negociou a compra do referido território que foi finalmente incorporado ao Brasil.

Logo após a proclamação da República (1889), de 1912 a 1916, um grupo de quase indigentes nordestinos, em terras de Alagoas, comandados pelo clérigo messiânico monarquista António Conselheiro, impuseram sucessivas derrotas ao exército republicano. A Guerra do Contestado foi documentada magistralmente por Euclides da Cunha em *Os Sertões,* que com empenho e mestria jornalística relatou em romance a coragem e o brio do nordestino, de um lado, e de outro, o fracasso reticente do exército da "ordem" bem como sua vingança sangrenta quando finalmente conseguiu derrotar o Contestado.

Todos estes episódios históricos não parecem nem provar a tese de cordialidade e tampouco de fragilidade espiritual do brasileiro espalhado pelos quatro cantos do país. A epopeia trágica, à semelhança da lenda britânica de Robin Wood, de Lampião, o comandante Virgulino, esse anti-herói pequeno, caolho e estrábico, não é nem de longe exemplo de fraqueza, apatia e indolência de qualquer tipo, muito menos de caráter dúbio. Podemos não concordar com as formas e nos agradar esses episódios insurrecionais, essas páginas de guerra interna e externa na história brasileira, mas de Tiradentes a Zumbi dos Palmares, que liderou centenas e centenas de escravos negros fugidos das sanzalas e amontoados nos quilombos por esse país adentro, de Bento Gonçalves a António Conselheiro, não são verossímeis as teses nem do *brasileiro cordial,* nem do *brasileiro anêmico.*

A realidade atual do Brasil demonstra efetivamente que nossa miscigenação, sincretismo e multiculturalismo não podem ser confundidos com indolência, preguiça, propensão absoluta ao não enfrentamento. Os nossos indígenas são maltratados, desconsiderados em seus direitos constitucionais e morais; por sua vez invadem as cidades sequestrando pessoas, intimidando e ameaçando à mão-armada cidadãos, invadem prédios de autarquias federais, destroem e queimam patrimônio público e privado, impedem o livre deslocamento de pessoas e cobram pedágio. O narcotráfico toma conta das favelas, da periferia, das cidades mais desprotegidas e abandonadas pelo Estado e pela sociedade, que por sua vez responde com mais truculência e irresponsabilidade do que seria de esperar e desejar de quem detém o poder de Estado. Minorias étnicas, igrejas, organizações não governamentais, partidos, sindicatos, conglomerados econômicos e empresas de iniciativa privada, sem qualquer pudor, procuram maximizar seus interesses a qualquer custo. Prevaricação e corrupção são a manchete de nossas matérias jornalísticas e disputam diuturnamente com os homicídios e assaltos espetaculares nossa mídia. Os próprios poderes da União disputam seus espaços na arena mediática, tal como gladiadores romanos ou como franco-atiradores.

O povo brasileiro apresenta um caráter muito longe daquelas teses antropológicas – cordialistas e xenófobas – dos anos trinta, quarenta e cinquenta. Mas, se a esquerda mais ilustrada, se pensadores do quilate de um Sérgio Buarque, Raymundo Faoro (*Os Donos do Poder*) e Darcy Ribeiro (*O Povo Brasileiro*), perceberam isso, também se dedicaram, grosso modo, a uma mesma tese, de que aquelas ideias eram patrocinadas pelas elites brasileiras que viam aí o benefício de se aliarem a interesses estrangeiros e explorarem o Brasil. Infelizmente, ainda que essas teses que se desenvolveram nas décadas de sessenta e setenta sejam valiosíssimas para decifrar-se o caráter e a identidade do povo brasileiro, nossa miscigenação e complexidade sincrética ainda precisam ser entendidas através dos mecanismos e as estruturas de poder, e de certa complementação funcional enquanto estratégias de sobrevivência muito particulares de nossa constituição como Nação, estratégias essas que deitam raízes ao tempo da colônia e que nem a República nem o Direito Constitucional conseguiram eliminar.

10.1. TEORIAS ANTROPOLÓGICAS BRASILEIRAS

1ª. Fase Nativismo 1500 – 1822	2ª. Fase Romantismo 1822- 1880	3ª. Fase Ideologias 1880 – 1950	4ª. Fase Historicismo Social 1950 – 1988	5ª. Fase Constitucionalismo 1988 – hoje
1500 - "Descoberta" 1800 - Independência	1824 - 1ª. CF do Império	1889 - República 1891 - CF da República	1937-1946 - Estado Novo 1964-1985 - Ditadura Militar 1988 - Constituição	1989 - Eleições Diretas 2002 – Lula 2014 - Lava Jato 2016/18 - A Direita no Poder
Pero Vaz de Caminha (1450-1500) – "Carta a D. Manuel I"; Pe. António Vieira (1608-1697) – "Sermões"; Gregório de Matos (1636-1696) – "Poemas"	Gonçalves Dias (1823-1864) – "I-Juca-Pirama"; "Os Timbiras"; Casemiro de Abreu (1839-1860) – "Poesias e Prosas"; Castro Alves (1847-1871) – "O Navio Negreiro"; "Os Escravos"	* **Otimismo:** Afonso Celso (1860-1938) – "Por Que Me Ufano de Meu País" * **Higienismo:** Oliveira Viana (1883-1951) – "Populações Meridionais do Brasil"; "A Evolução da Raça"; Octavio de Faria (1908-1980) – "Machiavel e o Brasil" * **Regionalismo:** Euclides da Cunha (1866-1909) – "Os Sertões"; Guimarães Rosa (1908-1967) – "Grande Sertão: Veredas"; "Campo Geral"; João Cabral Melo Neto (1920-1992) – "Morte e Vida Severina"; Ariano Suassuna (1927-2014) – "O Auto da Compadecida"	* **Desenvolvimentismo:** ISEB – Instituto Superior de Estudos Brasileiros (1955-1964) - Hélio Jaguaribe; Roland Corbisier; Nelson Werneck Sodré; Antonio Cândido; Celso Furtado, entre outros * **Economicismo:** Caio Prado Júnior (1907-1990) – "Formação do Brasil Contemporâneo"; "História Econômica do Brasil"; Francisco de Oliveira (1933-2019) – "Crítica à Razão Dualista" * **Patrimonialismo:** Raymundo Faoro (1925-2003) – "Os Donos do Poder"	Darcy Ribeiro (1922-1997) – "Os Brasileiros: teoria do Brasil"; "O Povo Brasileiro"; José Murilo de Carvalho (1939-0000) – "A Formação das Almas"; "Os Bestializados"; Marilena Chauí (1941-0000) – "Brasil: mito fundador e sociedade autoritária"; Jessé Sousa (1960-0000) – "A Ralé Brasileira"; "A Tolice da Inteligência Brasileira"; "A Elite do Atraso: da escravidão à lava jato"

1ª. Fase Nativismo 1500 – 1822	2ª. Fase Romantismo 1822- 1880	3ª. Fase Ideologias 1880 – 1950	4ª. Fase Historicismo Social 1950 – 1988	5ª. Fase Constitucionalismo 1988 – hoje
		* **Multirracialismo:** Gilberto Freyre (1900-1987) – "Casa Grande e Senzala"; "Sobrados e Mucambos"; "Ordem e Progresso" * **Cordialismo:** Sérgio Buarque de Holanda (1902-1982) – "Raízes do Brasil"; "O Homem Cordial" * **Modernismo:** Oswald de Andrade (1890-1954) – "Manifesto Antropofágico"; Mário de Andrade (1893-1945) – "Macunaíma"	* **Cultura Relacional:** Roberto DaMatta (1936-oooo) – "Relativizando: uma antropologia social"; "A Casa e a Rua": "Carnavais, Malandros e Heróis"	

Capítulo

11

A ANTROPOLOGIA RELACIONAL NO BRASIL

A obra original do antropólogo brasileiro Roberto DaMatta trata da questão da cidadania num **Universo Relacional**. Neste universo, no caso brasileiro, o conceito de **Cidadão** e **Indivíduo** é abandonado quanto ao caráter jurídico-político-moral, caráter esse que mantém vínculos com o Estado como algo moralmente institucionalizado e construído modernamente pela Civilização Ocidental. Hodiernamente a *parte* é mais importante que a *totalidade social*, concepção essa produto da chamada *revolução individualista*, um movimento cujo conteúdo ideológico é a institucionalização do indivíduo como centro moral do sistema, de modo que a sociedade passou a ser vista como um instrumento de sua felicidade.

A partir desta revolução individualista, passa a haver esferas de significação social próprias onde se esperam comportamentos diferenciados de acordo com a realidade ocupada como o espaço da **Casa**, da família, parentela, compadrio, vínculos de hospitalidade, compensações, enfim, do privado, e o espaço da **Rua**, do legalismo jurídico, do mercado, do público, que devem ser complementares, nunca exclusivos ou paralelos. No caso dos espaços *privados* obtêm-se prerrogativas de liberdade individuais que juridicamente devem ser respeitadas, ao passo que, no caso dos espaços *públicos*, estes indivíduos devem se comportar com civilidade e tolerância, noções que derivam da necessária convivência social, ou a inclusão em um espaço que por ser de todos, não sendo, portanto, de ninguém propriamente, deve remeter a comportamentos de cidadania muitos deles regulamentados pelo Estado.

Esta separação entre o público e o privado, como se depreende de tudo que vimos em nosso curso, não tem origem na reciprocidade comandada pelas sociedades primevas, mas é uma invenção do homem industrial e do Estado moderno, mais propriamente sob a hegemonia liberal da classe burguesa. A liberdade total no espaço privado e o mínimo regulatório no espaço público vão de encontro aos interesses da sociedade de livre-mercado, onde inclusive os indivíduos precisam estar livres para consumirem e estabelecerem relações mercantis de sua própria pessoa, como no caso da venda e compra da força-de-trabalho. Nas sociedades primárias essa distinção é pouco observada, para não dizer que é totalmente inexistente; depende do grau de divisão do trabalho produtivo e intelectual e da elaboração política de convivência com o poder que a sociedade apresenta.

11.1. A CULTURA RELACIONAL BRASILEIRA: DE CIDADÃO A PESSOA

De qualquer forma, a *Antropologia relacional* de DaMatta já prima por apresentar a descontinuidade da Teoria Crítica frankfurtiana de não conceber a história como repetição e/ou modelo.[1] Diz o autor: "Mas se a noção de cidadania (e do individualismo que ela contém) é estudada criticamente e deixa de ser encarada como algo natural

---

1. 11. A Escola de Frankfurt, composta por pensadores alemães como Horkheimer, Adorno, Marcuse e Walter Benjamin, produz um pensamento nas décadas de 1920 a 1940, que se convencionou chamar de Teoria Crítica por sua oposição à "racionalidade instrumental" tecnoindustrial-científica. Com relação à visão histórica desta escola, diz a professora Olgária Matos: "Trata-se da crítica de uma concepção mecanicista do processo histórico, de uma visão da história como homóloga à ciência da natureza. Portanto, a crítica à ideia de repetição histórica, de que a história é modelo, matriz, para outras circunstâncias, mostra a grande importância desse pensamento: a crítica a uma mesma racionalidade que se traduziria, na política, na história e na ciência: a ideia de razão como dominação" ("Melancolia e política." In *Vestígios-escritos de filosofia e crítica política*. São Paulo: Palas Atenas, 1998, p. 68).

e presente onde quer que exista sociedade e seres humanos, então, tudo pode mudar" (*A casa e a rua*, 1985, p. 56).

É que no caso brasileiro, do ponto de vista de obrigações e direitos, a relação com a noção de cidadania e de indivíduo engendram práticas sociais e tratamentos substancialmente diversos em situações históricas e sociais diferentes. Para nós o tratamento é concebido de forma oposta ao vínculo tradicional com a modernidade: enquanto para os "modernos" o uso do conceito de cidadania é de direito, motivo de orgulho, calcado na hegemonia, uma totalidade para criar a unidade, constituindo um elemento de distinção e não uma alavanca para alcançar privilégios; para os brasileiros a noção de cidadania é exatamente o contrário, se apresentando como um dever, sinal de anonimato e inferioridade, usada pejorativamente e contra as leis. Aqui, o individualismo é criado com esforço, não como um direito, mas no bojo do esvaziamento da cidadania, algo que permite a discriminação, o privilégio e hierarquia e explica os desvios e variações da noção de cidadania, seja para cima, seja para baixo, conforme interesse. Nos Estados modernos é valorizado o cidadão como parte de uma comunidade homogênea, igualitária, individualista e exclusiva, ao passo que no Brasil o que vale é a relação fundada em uma comunidade heterogênea, desigual, relacional, e inclusiva, pois cria relações de dependências por meio de "convites" de grupos, preferências, laços de simpatia, lealdades pessoais, sem compromissos legais ou ideológicos que permitam a dinâmica da filiação social. Assim, práticas desenvolvidas no espaço da casa podem ser consideradas marginais, porque o brasileiro estende o espaço da casa para o universal, no sentido de que as prerrogativas pessoais e o poder que possua no espaço restrito do privado avançam por sobre o espaço cidadão jurídico-público-estatal.

> Quando se diz: "o automóvel pertence àquele cidadão"; ou "o cidadão terá que esperar um pouco"; ou, ainda, "o cidadão não tem todos os documentos em ordem", sabe-se que o tratamento universalizante e impessoal é utilizado para não resolver e/ou para dificultar a resolução de um problema. Neste contexto, nada é mais revelador do que a resposta invocadora da cidadania brasileira, no meio de um comício político tenso e proibido pela polícia. De fato, falar em alto e bom som que se é um cidadão brasileiro é sofrer, em situações como essas, penalidades brutais. Querer ser um cidadão para fazer crítica ao governo é, às vezes, tão negativo quanto ter que ser um cidadão para poder ser preso e maltratado pela autori-

> dade pública. Daí a certeza de todo brasileiro que, numa delegacia de polícia, acusado de alguma coisa grave, ou tendo tido um conflito com um policial, que seus direitos políticos (e civis) ficaram lá fora, na sua casa: junto aos seus amigos e colegas... (DaMatta, *op. cit.*, p. 67-68).[2]

Há de se apontar aqui a crítica a uma pretensa capacidade de juntar tendências e visões de "Brasis" que muitas vezes estão separadas por tradições históricas e sociais distintas, impedindo a formação de uma **Identidade Nacional** que se dá do indivíduo para a sociedade. No Brasil é o inverso, o trajeto percorre da totalidade para o indivíduo, como forma imposta pelo Estado, e não desenvolvida de maneira consciente pelas massas populares; logo, como atender aos anseios sociais?

Os discursos dos segmentos dominantes tendem a tomar o *código da rua* e assim produzem uma fala totalizada, superficialmente fundada em mecanismos impessoais – o modo de produção, a lógica do sistema, a subversão da ordem, onde as leis são os pontos focais e jamais as pessoas como entidades morais. Um sistema que relaciona de modo intrigante a igualdade superficial dada em códigos jurídicos de inspiração externa e no geral divorciados da nossa prática social. Entre dizer e fazer há um abismo que caracteriza um sistema dotado de "éticas dúplices", em que códigos de interpretação e conduta valem apenas para certas pessoas, ações e situações. E já que no mundo da casa somos *supercidadãos*, pois só temos direitos, e no *mundo da rua* somos *subcidadãos*, pois só há deveres, a resposta para manipular os dois lados está na capacidade de se relacionar um sistema com o outro. Para isso uma terceira categoria compõe a realidade sociojurídica brasileira: a **Pessoa**.

O *status* de Pessoa é retirado do Indivíduo quando o Cidadão perde seu "conteúdo nobre". O cidadão se transforma em indivíduo, e como tal, "suspenso" e "nu", pode ser "incluído" a partir do poder econômico, político, tradição ou cargo ocupado ou ainda emprestando

---

2. A observação de Roberto DaMatta (1985) está diretamente relacionada com a perseguição política da ditadura militar de 1964 a 1985. No entanto, pode-se facilmente verificar como a truculência policial acobertada, quando não sugerida pelos governantes e pelo Estado, e a descaracterização da cidadania no Brasil continua a ser a realidade diária entre nós, exatamente porque esse autoritarismo reside nas entranhas mais profundas de nossa cultura violenta e personalíssima.

de outro tais qualificações. Para a cultura relacional o mais importante é este "emprestar" de *status* alheio, forma concreta de inserção e inclusão social. O favor envolvido nessa prática como instrumento de inclusão e sobrevivência metajurídica obriga à retribuição generalizando o jeitinho e, assim, solapando a universalidade das obrigações e direitos técnicos e formais do *Estado de Direito.*

O favor não é para nós reforço de cidadania com base em uma moral e/ou ética que complementa a utilidade do direito. Não é sinônimo de educação cívica ou simples ato de amizade. Da mesma forma, as prerrogativas das elites não são apenas elementos característicos de uma sociedade de classes. O poder no Brasil é construído logicamente por intermédio dessa cultura de favores pessoais, desse clientelismo padrão tão arraigado como valor nacional que todos, elites e demais classes populares, sabem e lançam mão desse artifício como estratégia de sobrevivência, mesmo em situações em que tal fato seria desnecessário. *A necessidade desta autoafirmação sociojurídica é a "argamassa" que constrói nossa nacionalidade, nossa personalidade política, nossa utopia de existência e justiça social. Nesta ambiguidade entre o público e o privado, divididos entre o mundo cotidiano e o universo oficial, reforçamos a subserviência a sistemas de inclusão autoritários e elitistas.*

11.2. A INCONSCIÊNCIA DE CLASSE E O MITO DA CULTURA CONCILIADORA

A demonstrar o poder de tal fórmula e nossa familiaridade com esse tipo de identificação social, usamos cotidianamente expressões como *"sabe com quem está falando?"*, no geral usadas diante de um certo problema e que revelam teias de relações pessoais que ocupam os espaços em que as Leis do Estado e da Economia não penetram. Isso representa as perplexidades de uma estrutura social em que as possibilidades para uma hierarquização e "patronagem" continuam de forma a permitir estabelecimentos de elos personalizados colocados acima da lei.

Muito embora este aspecto seja "escondido ou latente do uso (e aprendizado) da expressão, quase sempre vista como um recurso escuso ou ilegítimo à disposição dos membros da sociedade brasileira" (DaMatta, *Carnavais, malandros e heróis,* p. 183), se de um lado quer hipocritamente demonstrar o quanto indesejável é usar desse artifício, por outro lado:

> (...) é que a expressão remete a uma vertente indesejável da cultura brasileira. Pois o rito autoritário indica sempre uma situação conflitiva, e a sociedade brasileira parece avessa ao conflito. Não que com isso se elimine o conflito. Ao contrário, como toda sociedade dependente, colonial e periférica, a nossa tem alto nível de conflitos e crises. Mas entre a existência da crise e o seu reconhecimento existe um vasto caminho a ser percorrido. (...) Tudo indica que, no Brasil, concebemos os conflitos como presságios do fim do mundo, e como fraquezas – o que torna difícil admiti-los como parte de nossa história, sobretudo nas suas versões oficiais e necessariamente solidárias" (DaMatta, 1997, p. 183).

Importante: o sistema iguala em um plano e hierarquiza no outro, de modo a promover uma vasta complexidade de relações e enorme sentimento de compensação e complementaridade, *"que, provavelmente, termina por inibir parcialmente os conflitos e o sistema de diferenciação social e político fundado na dimensão econômica do sistema"* (DaMatta, 1997, p. 192). A expressão revela, então, não ser exclusiva de uma categoria, grupo, classe ou segmento social, porque os "inferiores" ou "desprivilegiados" também não deixam de usar tal expressão a fim de permitir a projeção social, para assumir a posição de patrão ou comandante, *logo a provocar a diferença entre os iguais.*

Não é por acaso que a figura emblemática do "medalhão", personagem, figura presente em qualquer camada social, seja considerada tão natural como necessária à vida social brasileira. Os chamados VIPs *(very important persons)* fazem as conexões básicas nos círculos hierarquizados, gozando de fama e prestígio numa espécie de nirvana social a produzir largas sombras para despolitizar e subjugar as pessoas do povo.

Essa lógica e práticas perversas inibem necessariamente a capacidade de criar uma **Consciência** da real situação de sua posição econômica na sociedade, e, consequentemente, recriam os laços de "favor" e obediência a uma racionalidade superficialmente apaziguadora de conflitos e reivindicações mesmo aquelas albergadas constitucionalmente. Não por acaso o mito da **Conciliação** é o mais forte e politicamente mais destruidor das possibilidades de enfrentamento e estranhamento da realidade de desigualdade e injustiça no Brasil, algo que a intelectualidade brasileira nem sempre compreendeu perfeitamente ou, pior, negligenciou irresponsavelmente.

Nesse sentido, não há dúvidas de que as *relações pessoais* se mostram muito mais como *fatores estruturais do sistema* do que como sobrevivências do passado que a modernidade tecnocientífica e o regime liberal burguês, dito democrático, deveriam banir de nossa realidade a meio caminho entre os universos jurídicos e morais e o relativismo das relações pessoais. Por isso, afirma Roberto DaMatta: *"Aqui temos a prova de que o sistema legal (importado e aplicado com toda a força) pode ser sistematicamente deformado pela moralidade pessoal, de modo que sua aplicação não se faz num vazio, mas num verdadeiro cadinho de valores e ideologias"* (1997, p. 247-248).

Com relação à inserção de determinadas estratégias culturais nas sociedades de Estado modernas, DaMatta é acompanhado por outros antropólogos que veem nas manifestações populares seculares uma forma de organizar a "desordem" em nome da "ordem", reforçando esta última. No caso brasileiro o exemplo maior é o Carnaval, apontado por DaMatta como aquela manifestação sacrílega que há muito deixou de afrontar o poder e essa ordem relacional de favores tão típica de nossa identidade. Georges Balandier deixa bem claro esta artimanha das elites em superficialmente darem asas ao devaneio e metamorfose da "plebe" em "nobre", para em seguida reafirmar a necessidade da ordem que empresta os favores ao povo mais sofrido.

Diz ele em relação ao Carnaval brasileiro:

> O Carnaval permanece sempre um meio de liberação e de expressão popular. No Brasil, é um dos grandes rituais nacionais; ele se opõe, em sua liberdade, sua espontaneidade, seus excessos, suas manifestações, à cerimônia política da Semana da Pátria e às ritualizações constrangedoras da Semana Santa. Ele se reporta a um tempo que não é nem o da história e nem o do ciclo litúrgico, ao tempo indefinido do sagrado difuso, do sobrenatural, do imaginário. Ele procede por inversão: substituindo o dia pela noite, o domínio privado pela rua, a medíocre condição real pelo papel desempenhado na identificação de grandes personagens. Por meio de disfarces, o Carnaval dá vida a figuras marginais ou imaginadas, estranhas à sociedade brasileira atual. (...) O Carnaval brasileiro dá a impressão de uma sociedade onde os cortes sociais, as desigualdades, os poderes estão temporariamente expulsos. Ele mostra uma sociedade fraterna e festiva debaixo da que regula rigorosamente a vida cotidiana, e através desta ilusão contribui para a aceitação desta última. Como constata R. Da Matta, o Carnaval "fala" de uma

> mesma ordem, seus valores, seus códigos, suas hierarquias; mas ao contrário: ele inverte o sistema de papeis e de posições que classificam os indivíduos, para melhor consolidá-los em seu lugar "depois do fim do rito" (1982: 56).

Portanto, não se pode ter dúvidas quanto ao papel que as manifestações culturais menos "oficiais" da cultura popular brasileira cumprem dentro do sistema relacional geral: o favor, o empréstimo do prestígio, a amizade travestida de conluio, diferentemente do que o discurso oficial costuma preconizar, não é a cordialidade e/ou a recusa do povo em participar desse jogo de poder. Talvez por isso nosso legislador se preocupa tanto em definir todos os tipos de atos ilícitos que podem advir dessas práticas e "empréstimo de favores". Portanto não é falta de Lei, mas uma certa forma cultural de olhar a Lei (ou Não Olhar!).

Fig. 11.1 – Escola de Samba no carnaval do Rio de Janeiro. Fonte: http://www.galeriadosamba.com.br/espacoaberto/topico/192791/0/2/0/

BOA-FÉ

Nosso ordenamento jurídico prevê, por exemplo, no Código Civil, no Título V – Dos Contratos em Geral, o princípio da Boa-Fé, nos seguintes termos em seu Art. 422: "Os contratantes são obrigados a guardar, assim na conclusão do contrato, como em sua execução, os princípios de probidade e boa-fé".

ESTELIONATO

O Código Penal, no que concerne ao Estelionato, no Art. 171, prescreve: "Obter, para si ou para outrem, vantagem ilícita, em prejuízo alheio, induzindo ou mantendo alguém em erro, mediante artifício, ardil, ou qualquer outro meio fraudulento: Pena – reclusão, de 1 a 5 anos, e multa".

ABUSO DE INCAPAZES

No Art. 173 do mesmo Código – Abuso de Incapazes: "Abusar, em proveito próprio ou alheio, de necessidade, paixão ou inexperiência de menor, ou da alienação ou debilidade mental de outrem, induzindo qualquer deles à prática de ato suscetível de produzir efeito jurídico, em prejuízo próprio ou de terceiro: Pena – reclusão, de 2 a 6 anos, e multa".

PECULATO, CONCUSSÃO, CORRUPÇÃO E PREVARICAÇÃO

Mais adiante, no referido Código Penal pátrio, no Título XI – Dos Crimes contra a Administração Pública, do artigo 312 ao artigo 327, estipula-se todos os crimes do funcionalismo público, como: Art. 312 – Peculato e Peculato Culposo; Art. 316 – Concussão e Excesso de Exação; Art. 317 – Corrupção Passiva; Art. 319 – Prevaricação; Art. 320 – Condescendência Criminosa; Art. 321 – Advocacia Administrativa; Art. 325 – Violação de Sigilo Funcional; Art. 326 – Violação do Sigilo de Proposta de Concorrência, entre outros.

Parte III

ELABORANDO TESES

Capítulo

12

PARA UMA FILOSOFIA ANTROPOLÓGICA DO DIREITO

Finalmente podemos elaborar, à guisa de conclusão, o que decidimos nomear de FILOSOFIA ANTROPOLÓGICA DO DIREITO, e que serviu de farol para a confecção deste estudo. Obviamente trata-se de tese preliminar e, neste sentido, aponta para debates e está longe de realizar respostas conclusivas ou herméticas, mas pretende, por outro lado, alinhavar as principais necessidades de uma nova axiologia para o direito, levando em conta a interdisciplinaridade com as demais Ciências Sociais, com a Antropologia, a Sociologia, a Economia e a Filosofia Política.

12.1. ENTRE "DEVER-SER" E DEVER DO SER

Para Hans Kelsen o Direito é o mundo do **"Dever-ser"** entendendo-se com isso que a ciência jurídica trabalha com "normas" prescritas e que, diante do caso concreto da ação humana, a norma lhe dará o sentido jurídico. Assim, simples fatos sociais se transformam em objetos de análise jurídica pela junção que a norma faz entre o fato e o Direito. No entanto, diferentemente do que se apregoa, o "dever-ser" normativo *não é* exatamente e em absoluto aquilo que *realmente* deve ser, mas simplesmente a possibilidade de o ato humano se transformar em um ato jurídico, sujeito então a julgamento e sanção, ou absolvição. Até porque sendo a norma prescritiva, obviamente, seria impossível que um determinado sistema de normas pudesse abarcar toda a realidade social em seus códigos. Então, a famosa fórmula "se for A *deve ser* B" não tem o caráter peremptório e determinista que só a noção dogmática distorcida do positivismo lhe pode emprestar desfigurando a própria ciência jurídica de Kelsen.

> As proposições jurídicas a serem formuladas pela ciência do Direito apenas podem ser proposições normativas (Soll-sätze). Mas – e é esta a dificuldade lógica que se nos depara na representação desta realidade –, com o emprego da palavra "dever-ser", a proposição jurídica formulada pela ciência do Direito não assume a significação autoritária da norma jurídica por ela descrita: o "dever-ser" tem, na proposição jurídica, um caráter simplesmente descritivo (Kelsen, *Teoria pura do direito*, 4ª ed., 1994, p. 88-89).

Por outro lado, muito antes de Hans Kelsen usar o termo "dever-ser" para designar aquilo que a seu ver seria o Direito, seu compatriota Immanuel Kant da mesma forma já cunhara a expressão dever do ser como o imperativo categórico a orientar eticamente as ações dos homens.

O *imperativo categórico* apenas expressa, de maneira geral, aquilo que constitui *obrigação*. Pode ser exprimido pela seguinte fórmula: "'Aja de acordo com uma Máxima que pode ser válida, ao mesmo tempo, como uma lei Universal' (...) O Princípio do Dever é aquilo que a Razão estabelece de maneira absoluta e, por conseguinte, objetiva e universal na forma de uma Ordem para o indivíduo, sobre como ele deve agir" (Kant, "Introdução à metafísica dos costumes." In Clarence Morris (org.), *Os grandes filósofos do Direito*, 2002, p. 239).

O *imperativo categórico* é, no caso de Kant, a máxima que resgata da ontologia humana o seu verdadeiro ser, um espírito impregnado de ética. Infelizmente esta ética espiritual do homem se perde quando se confronta com o que o autor chamou de *imperativo hipotético,* que pode ser traduzido como a materialidade da existência que se apresenta ao homem pelo cotidiano a lhe requisitar mais eficiência produtiva e acumulativa para o qual concorre a extrema racionalidade científica e tecnocrata. A seu modo, brilhantemente, Kant já anunciava a crítica à modernidade, a solapar do ego humano sua condição de ser ético e o devaneio da felicidade consumista, logicamente superficial e efêmera.

Tracemos, portanto, a seguinte conclusão: enquanto Kant apregoa o *dever do ser* pondo como centralidade o homem – princípio e fim –, Kelsen define o dever-ser tendo por centralidade a norma – e, assim, o homem como simples meio. Lá, a norma serve ao homem, aqui o homem serve à norma!

O próprio Kelsen o disse: "Particularmente, a proposição jurídica não é um imperativo: é um juízo, a afirmação sobre um objeto dado ao conhecimento" (1994, p. 89). Mas Kelsen só podia pensar assim. Ele é o pensador *moderno* do Direito, a dar ao Direito os contornos tradicionais da verdade científica pelo paradigma cartesiano, da racionalidade dedutiva analítica. Ao tempo do mundo intelectual de Kelsen, o *cogito* mecanicista e tecnocientífico já havia feito o estrago a esquecer dos homens a sua substância também espiritual. Não por acaso Kelsen fala tanto de *ciência* do Direito.

O que se procurou através das páginas deste livro foi, exatamente, delinear os limites entre mundo moderno e mundo primevo, a complexidade técnica analítica da primária (não menos complexa diversidade cultural) experiência mítica da natureza. Se à complexidade das sociedades industriais modernas corresponde a Lei e um Sistema burocrático de Direito, à primária convivência das comunidades indígenas correspondem os costumes e as tradições orais. Mais do que isso, e por isso mesmo, enquanto entre nós, os modernos, exige-se o cumprimento da Lei, entre eles, os primevos, exige-se a responsabilidade da tolerância. A alteridade quando respeitada aponta sempre para a necessidade da vida em liberdade com responsabilidade. Onde existe Lei e Sistema de Direito existe uma liberdade de responsabilidade normativa; então, a tolerância e o respeito não passam de mais um comportamento a ser analisado empiricamente pelas diretrizes tecnocientíficas ou, em outras palavras, tudo é literalmente possível, não exatamente desejável, ou melhor, ou mais respeitável etc. Em nossas sociedades impera o "dever-ser" sobre o "dever do ser"!

Acontece, entrementes, que o *dever do ser* implica necessariamente a construção livre do Ser ou, se se preferir, o *dever do ser* realiza-se como um *dever de ser* existencial. Pegue-se o próprio Kant, como exemplo: se a ética é um imperativo categórico que está presente no espírito humano, sua substância como humano é exatamente essa ética. Daí que, se a perder, "espezinhado" pela relação produção-consumo, perco a substância de mim mesmo e, logo, me desumanizo. Por isso se pode dizer com segurança que a prevalência da ética, ou no mínimo sua equidistância com os objetivos de resultados econômicos, garantem algo da própria humanidade no Ser. Se oriento minha responsabilidade para a comunidade, tenho uma chance real de não perder de mim a ética que povoa in natura meu Ser, portanto, *faço do dever do ser ético a própria construção de mim mesmo, ou em outras palavras, à responsabilidade com o Outro corresponde inegavelmente a responsabilidade comigo próprio.*

Eis que a minha obrigação de ser um Ser completo e profundamente feliz passa pela obrigação proporcional de minhas obrigações com o Outro! Ao contrário, se apenas vejo o Outro como instrumento de meu vir a ser um Ser, como coisa apenas a contribuir para minhas conquistas (materiais), o Outro só pode ser "respeitado" em sua alteridade por força de coerção da Lei. Mais ordenamento jurídico, menos responsabilidade cívica. Mais *dever-ser,* menos dever do ser e menos dever de ser. Em última instância, assim sendo, mais Lei – objetivação externa – menos Eu – subjetivação perdida. Ou sou o espelho do Outro, e me construo autonomamente assim, ou não sou Nada!

Ainda que, como se disse, algumas comunidades indígenas apresentem algum tipo de complexidade a tender para o poder, a grande lição a aprender entre essas comunidades é esse total estranhamento e desdém que insistem em ter pelo poder e pelo Estado. A esse estranhamento corresponde um fluxo vital de vida, aquele que constrói a humanidade! A insistência em se afastar do poder é a reticência em se construir e manter naturalmente divinizado como humano!

Esse estranhamento e distanciamento são consolidados através de uma práxis que inclui comportamentos como: 1) *evitar a produção de excedente material* – por exemplo, limitando-se o tempo da ocupação econômica; 2) *a dedicação a rituais e festas* – cujo objetivo acaba sempre na destruição de excedentes eventualmente produzidos; 3) *a magia como instrumento de integração homem/natureza* – a natureza que tudo dá cria nos arquétipos mentais a "reciprocidade"; 4) *em muitos casos, o nomadismo a criar a prática de caça e coleta* – e mesmo em casos de sedentarismo a preferência pela caça e coleta de alimentos; 5) *o prestígio que advém da propensão para doar* – o doador/esbanjador é um altruísta que melhor representa a natureza (que dá) e se põe, mesmo sem querer, como o chefe ideal; 6) *o tipo de justiça sempre com vistas à "reinserção" do insurreto* – justiça restaurativa baseada na premissa maior de que o indivíduo está "doente", possuído pelos maus espíritos (quem está doente precisa de cura); 7) *os feiticeiros, os karai tupi-guarani, convidando a trilhar caminhos para fugir do mal que se instalou ou está para chegar* – assim, colocando o profético transcendental contra o poder laico dos chefes ou, se se quiser, *a luta do múltiplo paganismo contra a sacralização do Um-Único ou Estado.*

Pela tese que aqui se defende, todas estas práticas renovam e reafirmam sentimentos que na relação *homem-natureza* fortalecem a unidade *homem-homem,* um tipo de existência que se opõe à *máquina-homem.* Por assim dizer, em que medida nestas condições fariam sentido práticas disciplinares como leis, tribunais, prisões, casas de correção e custódia, hospitais psiquiátricos etc.? Tais instituições são próprias de sociedades de disciplina e controle do Um sobre a comunidade, na proporção direta em que a reciprocidade e o prestígio são substituídos pela acumulação e poder. Essas instituições, que visam à disciplina e depois ao controle,[1] só podem existir entre nós, os modernos, os desenvolvidos, os civilizados! Em nossas sociedades sabemos como "provavelmente" evoluímos de "seres humanos" para as atuais "máquinas (des)humanas".

O que Foucault quer dizer do "mal-estar" que a Antropologia causou em nossas sociedades (cf. *As palavras e as coisas*) foi ter imaginado e comprometido a todos pela ideologia industrial do Estado capitalista – cujos princípios o capitalismo de Estado absorveu de forma incontinente – a apregoar a condição natural do desenvolvimento social e político humano, como tendência natural evolucionista e universal.

> A primeira regra de método para esse tipo de trabalho é, portanto, esta: contornar tanto quanto possível, para interrogá-los em sua constituição histórica, os universais antropológicos (e também, certamente, os de um humanismo que defenderia os direitos, os pri-

1. Cf. Edson Passetti, "A sociedade disciplinar convive, briga, afasta-se e resiste à sociedade de controle, como duas séries antagônicas e complementares. O corpo deixou de ser um investimento de Estado. Nela o interesse do Estado é pelo corpo na série: vivo, produtivo e são. É preciso controle contínuo e não mais confinamento para extração de energias econômicas e contenção das políticas. Comunica-se instantaneamente através de mídias e produções por meio de programas em interfaces" (*Anarquismos e sociedade de controle,* 2003, p. 44).

> vilégios e a natureza de um ser humano como verdade imediata e atemporal do sujeito) (Foucault, *Ditos e Escritos:* v. V, p. 237).

Por este olhar opressor saímos daquela condição mais primária de comunidades sem poder, passamos pelas sociedades já com algum poder, para chegarmos às sociedades de Estado. Obviamente devemos argumentar que existem até nossos dias comunidades com total desprezo pelo poder e que constroem sistematicamente uma luta pelo Não-Um. Também devemos perceber quanto outras tantas sociedades com algum poder ainda travam essa mesma luta contra o Único e mantêm a noção de transcendentalidade múltipla em relação ao cosmos.

Mas, pelo menos no "nosso" caso, a evolução do primário ao extremamente complexo, do educar ao controle e punição, da reciprocidade à competição, se comprovou. Nós temos leis opressoras, tribunais disciplinadores, prisões, casas de correção e custódia, manicômios e outros tantos estabelecimentos da mais absoluta violência a perpetrar o controle eficaz do Estado.

Nossa práxis já não é autoconstrutiva e criativa nos fluxos do devir, a não ser para: 1) *incentivar e efetivar a produção e acumulação de excedentes econômicos com sobretrabalho constante* (ainda que as formas de trabalho tenham se alterado bastante) – paradigma do sucesso pessoal e possibilidade primária de relacionamentos sociais fortuitos; 2) *a diversão* – relacionamentos sociais fortuitos no mais das vezes a iludirem a felicidade em nome das possibilidades de vida material (isto é poder!); 3) *a religião institucionalizada com códigos a integrarem homem-divino* – um deus que tudo vê e tudo julga cria arquétipos mentais de autopunição, autoflagelação e sobretudo a competição pela salvação; 4) *o sedentarismo, pai da propriedade, a preferência "pelo meu"* – irrefutável direito como produto do "meu" trabalho em oposição ao trabalho coletivo e à coletivização dos produtos desse trabalho, até a alienação desse trabalho como mercadoria e a mercadoria como sublimação desse mesmo trabalho; 5) *ainda, o poder que advém da acumulação ou propensão para a usura* – o eficiente econômico é aquele que melhor representa a necessidade de vitória cartesiana-newtoniana sobre a natureza (cf. Fritjof Capra em *O ponto de mutação*), logo, sobre os outros homens, enquanto natural e objetiva necessidade de comandar, disciplinar, controlar; 6) *um tipo de justiça sempre com vistas ao "pagar" como punição do delinquente e do criminoso* – justiça retributiva baseada no adágio "dente por dente, olho por olho", e a transgressão sempre a suscitar um sentimento coletivo (e quando assim não é, sempre os canais de poder mediático hão de provocar essa indignação geral, necessária como em um totalitarismo a produzir as medidas legítimas de "domesticação" na sociedade de controle) do delito e crime como uma doença pessoal incurável sem se refletir entrementes nas causas coletivas mesmas (um bálsamo para os espíritos satisfeitos e felizes com sua distância das vítimas do "holocausto"), logo, não se trata de curar e tolerar, mas de banir e de violentar ao ponto de "reprogramar" as mentes infratoras; 7) *as alternativos religiosas e não governamentais trilhando os mesmos caminhos do poder estatal do Um-Único* – o Estado, a Igreja, a Família, a Escola, a Empresa, as Associações, o Clube, as Cooperativas, as ONGS etc.

12.2. A CONTRIBUIÇÃO DA CULTURA RELACIONAL BRASILEIRA

Entretanto, só podemos usar "nossa sociedade" em termos bem genéricos. Não podemos generalizar essas características de forma a englobar todas as sociedades ditas complexas, modernas e industriais, a não ser pelos tópicos mais abrangentes que, irrefutavelmente, estão presentes nas atuais sociedades de Estado, para lá de disciplinadoras, sociedades de *controle*. No caso do Brasil, por exemplo, ainda que estas formas de vigiar e punir estejam presentes amiúde, fogem a esta "programação" genérica e universal características próprias de sociedades que ainda insistem em perpetuar relações de "patrimonialismo" personalíssimo, que se viu como "relacional" em termos de Roberto DaMatta. Mas, atenção redobrada deve-se ter neste "nosso verdadeiro caso": esta qualidade de "inclusão" não é sinônimo de bem-estar nem uma tentativa consciente de antipatizar e estranhar o poder, muito pelo contrário, reforça-o sob condições *sui generis,* é verdade, mas tão ou mais desumanizantes e a despolitizar do que qualquer outra sociedade de controle moderna.

Podem-se apontar várias características que demonstrariam como no "nosso caso" a constituição do povo brasileiro nem sequer aponta para a formação de um Estado nacional apropriadamente inserido na modernidade. Vamos tomar apenas dois aspectos importantes da constituição de nosso patrimônio cultural e da típica formação daquilo que trata a "inclusão", entre nós a ganhar dimensões e contornos que nada têm que ver com o poder constitucional e muito se afasta dele.

Tradicionalmente, o surgimento do Estado moderno vem acompanhado pela instauração de poderes regulados constitucionalmente. Ora, exatamente uma das grandes virtudes, pelo menos em teoria, da promulgação de uma Constituição foi garantir a igualdade entre todos do povo – uma vez definido também de quem se trata juridicamente o povo –, ou, se se quiser, garantir o *status* de cidadania a todos considerados como parte do povo e sob a proteção de determinado Estado. O cidadão é, portanto, o igualmente incluído, aquele que passa a pertencer ao corpo politicamente definido pelo Estado, o que representa, obviamente, obrigações e direitos desse cidadão. Pode-se compreender que em nenhum Estado moderno as obrigações e os direitos foram cabalmente respeitados e garantidos tanto por parte do cidadão como do Estado. Também se pode arguir, e não vamos aqui discutir a questão de gênero e suas variações nos Estados atuais, que poder é poder de qualquer forma, e quem estiver na superestrutura da pirâmide social com hegemonia para tal tende sempre, e de fato o faz, a aproveitá-lo da melhor forma possível em seu benefício.

Mas o que é particular e peculiar no caso brasileiro é que diferentemente desse processo tradicional – criar a cidadania e usufruir o poder para se tornar mais cidadão do que outros ou se diferenciar para garantir privilégios –, é que nossas elites, tendo algum acesso ao poder, não procuram a lei para ter um diferencial ou que os constitua como cidadãos especiais, pois cidadão não é o que oferece distinção. Procura-se, por outro lado, esvaziar e perverter a cidadania de todos (motivo pelo qual "cidadão" chega a ser parte de um linguajar pejorativo no tratamento dos indivíduos, como no corriqueiro simbolismo policial!) tornando-os apenas "indivíduos", que agora precisam de algo para "reentrarem" ou serem incluídos na sociedade brasileira.

O poder não é respeitado, como constitucional e tradicionalmente se verifica em outros países. Em todos os lugares, repetimos, as elites e as classes mais proeminentes procuram usar a constitucionalidade, e demais códigos complementares, para se sobressair, sem, contudo, se negar a cidadania dos agentes sociais das diversas camadas populares. A desigualdade nos Estados modernos vem não tanto de negar preceitos constitucionais a construir a igualdade entre todos, porém mais como uma luta entre grupos a se valerem do acesso privilegiado ao poder e às leis. Não é a separação entre incluídos e não incluídos.

Nós temos uma outra forma de inclusão: excluímos para depois incluir. Cidadãos precisam perder esse *status*, essa condição formal-legal, para se apresentarem como "suspensos" em meio a um corpo social disforme e amorfo, tão permeável e suscetível que fica difícil criar algum conjunto de valores e elementos históricos capazes de aglutiná-los de fato como um povo – a não ser na simples formalidade jurídica, superficialmente, um semióforo –, ou qualquer noção mais perene de "identidade nacional". Nessas condições inóspitas para as classes menos abastadas e menos proeminentes, as elites e as classes tradicionais e patrimonialistas se apresentam como a possibilidade real de dar alguma consistência a esse amorfismo multifacetado e multicolorido, seja emprestando seus sobrenomes diretamente aos indivíduos, seja emprestando suas diretrizes de comando e poder ao Estado. É assim que indivíduos despossuídos e suspensos de cidadania, a não ser os meliantes e os condenados, se incluem socialmente, não como cidadãos, pois isto pressuporia uma hegemonia formal-legal constitucional, mas como "pessoas".

Ser uma "pessoa" é mais importante do que ser um "cidadão" no Brasil, e é muitas vezes a única possibilidade de levar uma vida minimamente decente e digna. Então, bem vistas as coisas, não é a reciprocidade primeva, o senso e sentimento de ajuda comunitária, que esgarça o poder do Estado no Brasil. O cada-um-por-si-e-a-fé-em-Deus nos colocará no caminho algum amigo a quem ficamos obrigados, tudo o com que, pelo menos como parâmetro, a revolução burguesa quis acabar ao cortar a cabeça do rei e de seu séquito de prepostos, algo que entre nós para pouco ou nada na prática serviu como valor ou filosofia política, ainda que o discurso republicano se faça presente na retórica mais inflamada de uns e nos protestos de outros, quando não nos dois ao mesmo tempo.

Outro exemplo de nosso tipo de inclusão remete a uma das mais profundas características da sociedade burguesa: a luta de classes. Esse emprestar de sobrenome e *status* das elites ou classes abastadas representa um verdadeiro suicídio na luta pela consciência dos trabalhadores, pobres e excluídos neste país. É que entre nós estamos sempre dispostos, independentemente de situação socioeconômica e de classe à qual pertencemos, a fazer prevalecer nossa distinção e nos diferenciar à custa dos outros, mesmo quando tudo o que temos, temporária e superficialmente, é possivelmente um "medalhão" nosso conhecido, que logo vira "amigo". Mesmo os que protestam conhecem bem o "sabe com quem está falando?" e usam expressões desse tipo nas relações mais banais e cotidianas, basta que para isso se apresente a oportunidade.

Aprendemos a recusar esse tipo de expediente como indesejável ou aético, mas bem sabemos como o que de fato conta, nas horas em que a cidadania mais deveria ser prerrogativa do indivíduo, é o jargão pessoal do poder relacional, por mérito próprio ou emprestado de alguém. O *relacional* que substitui o *constitucional* não é prerrogativa apenas das elites ou das classes favorecidas, mas no caso brasileiro, paradoxal e intencionalmente, é o *modus vivendi* "genérico", uma cultura de favor e obrigação, de "jeitinhos" que são a antessala da prevaricação e corrupção, usados por todos de forma geral.

O povo, esse o faz, evidentemente, como estratégia de sobrevivência na luta pelo mínimo, nem sempre conseguindo mesmo assim, de dignidade e decência de vida. Mas as elites brasileiras e as classes dominantes o fazem como estratégia de poder, de dominação mesmo, a solapar de forma permanente a cidadania constitucional e a enfraquecer um sistema de Direito que, dessa forma, jamais poderá ser a âncora daqueles que mais dele precisam.

12.3. ANTROPOLOGIA, DIREITO E A ÉTICA DESOBEDIENTE

Resta a seguinte questão: a fuga da indesejável prática da cultura relacional brasileira é a defesa incontinente de um sistema tecnocientífico do direito? Este estudo pretendeu responder que não! Todo o caminho foi para demonstrar valores efetivos das sociedades primevas e as virtudes que essas sociedades têm com relação ao estranhamento do poder e do Estado. Por outro lado, a sociedade brasileira parece nos fazer desejar a mais rigorosa aderência ao poder de um sistema de direito estatal. Mas ela é apenas um caso especial a compor o dogmatismo autoritário do direito.

Efetivamente, a cultura relacional ao modo brasileiro exerce forte – e negativa – influência entre aqueles que defendem um direito dogmático-formal e a centralidade normativa em um sistema jurídico tecnocrata. É que a realidade do *direito pessoal* sempre foi o maior motivo para que se procurasse a alternativa positivista de fazer justiça, uma pretensa neutralidade e objetividade em oposição ao julgar e punir com base no poder do rei e de seus conveniados. A queda da Bastilha – prisão francesa símbolo do despotismo e do direito pessoal do rei, tomada pelo povo no início da Revolução Francesa – foi um marco histórico que não nos deixa esquecer as virtudes do direito positivo e positivista: formal com base em código e como ciência moderna.

Mas, apesar de não se tratar aqui de propor o fim do direito e do Estado, ao mesmo tempo aqui se pretendeu afirmar, para além dos códigos e do cientificismo jurídico moderno, a alteridade possível e necessária ao controle dos excessos do poder do Estado e abrir novas fronteiras no pensamento dogmático jurídico, alteridade capaz de impor limites ao arbítrio e prepotência que esse próprio direito tanto empresta ao Estado moderno. Entre nós, apesar da "cultura relacional", e por dentro dela mesma, esse autoritarismo jurídico-estatal prevalece de modo particularmente acentuado. O "direito relacional" brasileiro é isso: um sistema jurídico-estatal onde as prerrogativas do privado se confundem com o público, onde o prestígio e os privilégios emprestam aos códigos um colorido verde-amarelo especial que, em última instância, destrói qualquer pretensão objetiva e científica de um direito moderno republicano a atender as demandas populares por justiça.

Não é por acaso que poucos brasileiros acreditam poder usar a justiça como benefício de sua cidadania. Os problemas endêmicos em nossa justiça (falta de celeridade e efetividade da magistratura, prevaricação e corrupção por todo o sistema, leis inócuas e supérfluas, negociação político-partidária legislativa, sistemas correcional e penitenciário falidos) não são apenas provenientes do anacronismo de nossas leis e processualística jurídica, mas proveem muito mais desse anacronismo resultante da simbiose perversa do direito com o poder pessoal das elites a quem a "cultura relacional" serve historicamente. De forma geral: não apenas não sabemos o que seja a "identidade nacional", pelo Estado nem vemos nele qualquer utilidade como não temos nenhum apreço, muito ao contrário. Poucas vezes se observou modernamente um distanciamento tão profundo e maquiavélico entre Estado e povo!

É por este motivo que precisamos de uma *Antropologia do direito* com "valores", para uma **Ética Desobediente** como instrumento de estranhamento ao dogmatismo autoritário impregnado no ordenamento e nas práticas jurídicas dos Estados modernos. O caso brasileiro, com a particularidade do "relacional", insere-se de forma especial neste contexto, reforçando-o. Essa desobediência, coletivista-anarquista, ético-libertária, abre alternativas epistemológicas promissoras a serem propostas em estudos para uma *Filosofia Antropológica do Direito*. Esta filosofia desobediente deverá, mais do que refutar os universais antropológicos e as máximas universais como construções contextuais do poder, ser capaz de falar da liberdade-para-a-construção-de-um-Ser-que-cuida-de-si, em meio a mínimas-máximas-universais-para-a-responsabilidade--da-ajuda-mútua, como Ser social que é. Este "minimalismo" que está na essência da própria revelação de si, não pode implicar a renúncia de si, ou se se preferir, o minimalismo ético deve ser suficiente para que o cuidar-de-si seja ecologicamente profícuo e decente em meio à coletividade, sob pena de essa revelação se transformar em um egoísmo espiritual hediondo, um narcisismo intelectual descartável e repulsivo. Pensamos em uma *Filosofia Antropológica Global* para o Direito; de suma importância para o exemplo brasileiro.

12.4. ECOLOGIA, SUSTENTABILIDADE E ANTROPOLOGIA NO DIREITO

Uma *Filosofia Antropológica Global*, claro, não deve se ater apenas a uma esfera específica da existência humana.

É comum no caso brasileiro que os juristas e demais profissionais coloquem a sociedade e o homem dentro do Direito, quando é o contrário que se deve considerar: o Direito é apenas uma "esfera" dentre outras que constituem uma totalidade maior que é a sociedade, um conjunto de indivíduos e entidades que, intersubjetivamente, de várias formas, produzem e reproduzem suas estratégias de sobrevivência em conjunto, procurando conquistar e maximizar benefícios próprios. Pelo menos é isto que se espera de uma constituição social democrática e livre, que haverá de proporcionar movimentação social vertical (movimentação entre classes).

Neste sentido, qualquer filosofia e conhecimento que pense o Direito, como a Antropologia, deverá se esforçar em algum momento, por o pensar globalmente e em relação a outras disciplinas e conteúdos de conhecimento. Uma dessas disciplinas que no atual estágio de vida humana no planeta não pode ser mais ignorada é a **Ecologia**. Assim, deve-se aproximar Direito e Ecologia, uma aproximação teleológica que estude o homem jurídico em contato com o meio ambiente, não apenas do ponto de vista da legislação pertinente ao assunto, mas em relação às ações sustentáveis que a vida inteligente deverá proporcionar. Também faz parte da ecologia o ser humano, o homem tomado em sua generalidade e toda a sustentabilidade deve levar em consideração o indivíduo, seu grupo, a coletividade e a perspectiva de que o que se faz hoje será intensamente vivido no amanhã, o que resgata uma condição ética no comportamento de hoje: como viver sem sacrificar o futuro dos nossos filhos e os filhos eles e assim sucessivamente.

Os homens, na luta pela sobrevivência, entram em contato com o ambiente que os rodeia e estabelecem relações entre si, pois rapidamente percebem que a subsistência e o desenvolvimento de sua condição humana são favoráveis quando se aliam e complementam seus esforços. Na produção da existência, os homens entram em contato com o ambiente e na produção de sua vida material estabelecem relações naturais e sociais, relações de produção, e assim desenvolvem determinados meios e formas de sua subsistência material, que, ao mesmo tempo, já implica em uma forma determinada de pensar, planejar, filosofar e agir. Logo, ainda que o quisessem, o homem não pode, e não tem como o fazer de fato, evitar o contato com a natureza e dela extrair os insumos e as matérias primas necessárias à sua existência e desenvolvimento. E aí começa sempre o dilema ecológico: como produzir e reproduzir sua vida e a continuidade da espécie, atendendo a necessidades sempre crescentes, sem deteriorar e destruir a natureza e os benefícios que o planeta lhe coloca à disposição? A resposta, seja ela qual for, está condicionada pelo grau de desenvolvimento tecnológico – os meios e as formas de produção –, de um lado, e dos níveis de consciência ecológica que os indivíduos e as coletividades possuem, de outro. Na convergência entre estes dois fatores está o conceito de **Sustentabilidade**.

Sustentabilidade, portanto, é a relação do homem com o ambiente de forma que sua atividade econômica garanta o futuro com dignidade das próximas gerações. Ou em uma frase: meio ambiente não é a herança de nossos pais, mas o que tomamos emprestado de nossos filhos!

Poucos conceitos têm sido tão falados nos tempos atuais como sustentabilidade. O conceito de sustentabilidade tem sua origem nas discussões sobre meio ambiente e preservação do planeta. Desde o alerta sobre as condições climáticas que estão comprometendo nossa sobrevivência e qualidade de vida, iniciado com a *Toronto Conference on the Changing Atmosphere*, no Canadá, em outubro de 1988, e reforçado com a ECO/92 no Rio de Janeiro e o Protocolo de Quioto em 1998, no Japão, os indivíduos e as organizações de todo mundo foram chamadas a questionarem seus hábitos, suas práticas e propósitos. Depois de dois séculos e meio de industrialização as pessoas começaram a perguntar qual a sua responsabilidade e das organizações frente aos problemas de aquecimento global, poluição do ar, dos rios e mananciais de água potável, desertificação dos continentes e carência de produtos para alimentar a humanidade. Tais problemas não se abatem apenas sobre os que poluem ou os que especulam com as riquezas da terra, mas afeta a sobrevivência e a qualidade de vida de todos e compromete sobremaneira a das futuras gerações.

Este questionamento não cessou, pelo contrário. O conceito de sustentabilidade invadiu os ambientes empresariais e passou a ser alvo das preocupações de gestão dos empreendedores e executivos. Ao mesmo tempo, o conceito que originalmente estava relacionado com a proteção do meio ambiente se expandiu para a qualidade de vida de todos os cidadãos. De forma simples, pode-se definir **Sustentabilidade Organizacional** como a capacidade que uma organização tem para definir suas estratégias mercadológicas a partir da responsabilidade social com as comunidades. Como todas as empresas estão de alguma forma, envolvidas no processo de globalização de seus negócios, as preocupações com a qualidade de vida das populações adquirem contornos globais.

Por exemplo, uma organização hoje não pode apenas pensar em termos de lucro, mas precisa responsabilizar-se pelos impactos de seus negócios sobre os ambientes "Eco-humanos" onde atua direta ou indiretamente. Há muito tempo que as organizações responsáveis trocaram sua gestão orçamentária por uma gestão estratégica. Em vários países as Bolsas de Valores introduziram o conceito de sustentabilidade criando um Índice de Sustentabilidade Empresarial – ISE, como no caso da Bolsa de Valores de são Paulo, cuja valorização das ações havia superado os 90% em dois anos.

Da mesma forma proliferaram e ainda se multiplicam as Organizações Não Governamentais – ONGs e as ações de iniciativa popular, em grupo ou individualmente, que visam ao questionamento de práticas absolutamente danosas e supérfluas, do uso de tecnologias e conhecimentos científicos nocivos ao meio ambiente, e procuram proporcionar uma educação e aumentar os níveis de consciência das pessoas, das organizações e, com grande ênfase, no papel de intervenção dos governos e de suas políticas públicas. Felizmente, ao que tudo indica, as diretrizes básicas para a educação incentivam a se ministrar disciplinas propedêuticas e de meio ambiente em muitos países desenvolvidos e os em desenvolvimento. Nas Universidades foram criados cursos superiores específicos sobre gestão de meio ambiente e os cursos de administração e gestão tradicionais vêm paulatinamente incluindo ecologia e educação ambiental em seus currículos escolares. Saliente-se, ainda, que apesar dos retrocessos esporádicos e as dificuldades impostas pelas potências industriais do mundo, bem como algumas visões conservadoras de países em desenvolvimento, que vêm nas limitações de emissões de gás carbônico – CO2, e outros metais pesados, ou a preservação de sua fauna e flora, como um empecilho ao desenvolvimento econômico e do PIB, o trabalho da Organização das Nações Unidas – ONU, de ONGs e de cientistas, tem resultado em uma conscientização crescente de nossos problemas ambientais e com isso forçado de alguma forma governos e conglomerados industriais a policiarem e controlarem melhor suas atividades nocivas ao meio ambiente, e a estabelecerem metas governamentais de controle de poluição e preservação da natureza, como o caso do mercado de Créditos de Carbono, o que pode representar uma vantagem substancial para o Brasil, devido a sua exuberância e dimensões de matas e florestas, de sua fauna, e de ter também um dos maiores aquíferos subterrâneos de água doce.

Estamos passando por um "dilúvio" financeiro mundial poucas vezes visto na história da humanidade. Essa catástrofe se alarga e estende a passos largos para todas as esferas de atividade humana projetando uma crise global sem precedentes, a tal ponto que organismos e personalidades mundiais já falam em uma Nova Ordem Mundial. O que exatamente será essa "nova ordem mundial", ninguém sabe. Mas com uma coisa todos os analistas e estudiosos concordam: não será mais possível sobreviver debaixo de um projeto global que não se volte mais seriamente para as grandes demandas sociais em todos os rincões do planeta. Ou em outras palavras (como Edgar Morin (1921-) o tem enfatizado), ou a humanidade caminha para uma solidariedade global ou estamos fadados a fracassar no projeto humano todos juntos.

Então a pergunta parece óbvia: quem e quais organizações estão mais preparadas para enfrentar a atual crise e ser vanguarda nessa "nova ordem"? Empresas e organizações em todos os lugares precisam de protocolos diferentes aos que outrora parecem ter funcionado. No começo do século XX o grande paradigma organizacional foi a linha de produção especializada de Frederick Taylor (1856-1915) e a administração científica de Jules Henri Fayol (1841-1925). Há pouco mais de um século iniciava-se a fabricação do Modelo T e em 1913 Henry Ford (1863-1947) implantou a linha de montagem em série. Em 1925 o Modelo T custava US$ 260.00 e era montado em 96 minutos. Além disso, o espírito empreendedor de Ford fez com que financiasse a venda de seu carro aos funcionários de sua fábrica, o que se mostrou uma poderosa estratégia de promoção. Como se pode ver, as melhores práticas de gestão sempre andaram de mãos dadas com o crédito e o *merchandising*. A administração como ciência moderna transformou uma Era, e se nos últimos cem anos se mostrou algo vitoriosa do ponto de vista financeiro, deixou como consequência uma série de problemas a serem desenrolados pelas gerações futuras de gestores. As crises de 1929 ("*Crack*"), a Segunda-Feira Negra de 1987, a Crise Asiática de 1997, a Crise na Rússia de 1998, a Bolha da Internet em 2000 e a Bolha Imobiliária Americana em 2008, não foram capazes de incentivar líderes e gestores mundiais a repensarem seus protocolos de gestão que ditam regras desde o início do século vinte.

Destarte as iniciativas precursoras implantadas nos países asiáticos no pós-guerra, como a Administração da Qualidade, cujos paradigmas pelo menos em alguns aspectos são díspares do preconizado pelo taylorismo – por exemplo, o conceito de "público geral" por detrás do *Total Quality Control* - TQC, ou a prática da "produção puxada" preconizada pelos modelos *Lean* no Sistema *Toyota* de Produção - STP, a verdade é que organizações globalizadas do mundo atual resistiram e ainda resistem fortemente a mudarem seus instrumentos de trabalho e suas visões que não sejam em direção ao valor financeiro de suas ações. Assim, pouco se caminhou ainda no sentido de práticas que efetivamente coloquem o lucro como resultado e não como objetivo administrativo empresarial. Diante do ápice de desmandos acumulados nos últimos cem anos ou mais, a sociedade humana, de forma geral, padece de "doenças" endógenas a um sistema gerenciado de forma irracional e pouco voluntarioso quanto às questões de impacto efetivo das operações industriais sobre a vida de todos nós.

Sustentabilidade é responsabilidade social com as comunidades que povoam os ambientes organizacionais, em seu interior e em seu entorno. Do ponto de vista da Sustentabilidade Organizacional as notações por detrás das práticas ortodoxas precisam ser revistas a partir de concepções humanísticas, não porque a filosofia, quiçá, chegou definitivamente às teorias administrativas, mas porque sem o fim dessa ortodoxia egoísta e imediatista, nem empresas nem consumidores estarão mais aqui para fazerem o mercado acontecer. Quem sabe, estamos mais perto do escambo do que de formas mais avançadas de troca, e já não podemos dizer que aquela forma "autônoma" de troca não seja mais salutar do que o papel moeda nacional. Por exemplo, muitos lugares, no ápice da crise, como ocorreu na Islândia, fizeram isto emitindo uma moeda local em substituição ao *Krona*, moeda nacional que muitos bancos do país não aceitavam mais. *A verdade que omitimos de forma frequente é que a reprodução da vida em parâmetros saudáveis e com um grau aceitável de felicidade não depende das coisas que trocamos ou consumimos, mas sim da paz e harmonia em que interagimos com o meio ambiente, aí incluído nossos semelhantes.* Até o mais empedernido homem de negócios e o mais convicto individualista sabem que a sua qualidade de vida e uma vida boa remete inevitavelmente para a relação que se mantém com as coisas e com as pessoas.

Infelizmente aprendemos a especializar as atividades humanas a tal ponto que acreditamos comodamente que a responsabilidade sempre está além de nós. Esse ressentimento pessoal e profissional estendeu-se da especialização da divisão do trabalho social a profissões e atividades mais específicas, e nos esvaziou da preocupação e responsabilidade com a sobrevivência de nosso mundo e de nós mesmos. Sempre temos um responsável porque sempre achamos que cada atitude humana, profissional ou não, remete a uma ciência muito específica, a um conhecimento muito elaborado, e que cada especialista deve cuidar de seu pedaço e nutrir a todos com essa eficiência tecnocrática. Nessa espiral, criamos conceitos de gestão como Teoria dos Jogos, Controle Orçamentário, Negócios Inteligentes com base em Sistemas de Informação avançados. Mas destruímos a criatividade e inventividade voltadas para a vida boa, simples e feliz. Agora não sabemos mais quem é o responsável; ficamos nessa tautologia inexpressiva e indolente de que "onde todos são responsáveis, ninguém é responsável".

Depois de tantos desmandos e desinteresse – os cidadãos viam como ascensão e qualidade de vida o consumo desenfreado e irracional, incentivando assim a produção incontrolável e parasita dos recursos do planeta e da depredação da natureza –, o sistema industrial, tecnocientífico e de mercado demonstra suas fraquezas, seu modo pernicioso de se fazer existir, sua desumanidade com todo o ser vivente e brutalidade desenfreada com os recursos naturais de forma geral, começa a ser questionado diante da própria força da natureza e do planeta. Aquilo que as teorias sociais, a política e a economia não conseguiram filosoficamente convencer os homens, a natureza finalmente o consegue demonstrar de forma inelutável.

Aqui podemos opor uma terceira dimensão ao dinamismo de desenvolvimento sociopolítico das sociedades humanas: o ambiente. Em uma aproximação simplificada, pode-se ver a estrutura (nível da produção: forças produtivas, relações sociais de produção) e a superestrutura (nível da cultura: hábitos, tradições, filosofia, leis e Estado) social envoltas em uma dimensão maior que é o meio ambiente. Se até então não foi possível que a superestrutura evoca-se satisfatoriamente as questões ambientais e suas interações com o homem, é porque a cultura, os níveis de consciência e as estratégias de existência dos homens encontra, no limite, a determinação econômica, as formas e os meios de produção e as relações jurídicas que daí derivam, como empecilhos a uma reviravolta antropológica dentro dessa dimensão ecológica/ambiental. Se até agora a vida boa e sustentável pareceu incompatível, é porque se desconsiderou a própria natureza dentro desse processo do viver humano, não como fornecedora de matéria prima, mas, fundamentalmente, como uma entidade que carece de cuidados, de parcimônia, de solidariedade, finita que é, delicada e impassível às demandas e desmandos humanos. Em sua própria natureza a natureza, o planeta, as estrelas e o universo, seguem um caminho indecifrável em grande medida, e intolerante às influências nocivas a seu delicado equilíbrio. Por serem ínfimos, os humanos acreditam que em seu gigantismo a Terra, a natureza e o cosmos, são flexíveis e tolerantes, dispostos a qualquer penetração destruidora e gananciosa, quando na verdade todo o universo se mantém coerente e acomodado em relações sutis e estreitas, detalhadas relações frágeis, bastante instáveis em termos cósmicos, e mesmo a maior grandeza cosmológica depende da microscópica forma de existir de todas as coisas.

Nos deslumbramos cada dia com o descortinamento do universo em sua grandiosidade e pasmos assistimos ao efêmero começo da matéria tracejado em bilionésimos de segundo pelo Bóson de Higgs. Deveria ser o bastante para pensarmos em nossa insensatez, orgulho e nocividade. Mas em milhões de anos – um nada na vida cósmica – o homem sequer conseguiu parar de matar o seu semelhante, destarte toda a Filosofia e conhecimentos científicos que produziu. Agora, quando a natureza, o planeta e o universo começam a mudar o rumo dos acontecimentos e da epopeia antropológica na Terra, que os homens se apiedam e temem sobre seu futuro. Agora, quando as forças cósmicas interligadas nos causam danos e colocam em questão nossa sobrevivência em nosso delicado 'satélite' e ambiente, cessam os lucros ou nos causam prejuízos que são irrecuperáveis monetariamente e impagáveis quanto ao contingente de mortes em catástrofes inimagináveis, agora, talvez possamos dar maior importância para o aforismo dos Índios Cree: "Somente quando a última árvore for cortada; somente após o último rio ser envenenado; somente após o último peixe ser pescado; somente então o (último) homem descobrirá que dinheiro não pode ser comido".

As questões ecológicas e ambientais, as questões sociais e a geopolítica, serão chamadas a contribuir com todas as disciplinas e conteúdos ministrados nos cursos universitários. Não podem mais ficar circunscritas às disciplinas de formação propedêutica, que, aliás, nunca receberam destaque e importância nos cursos superiores em nosso país. Fundamentalmente, a formação dos profissionais deve se especializar em gente, para que as pessoas possam ser mais importantes do que as coisas que adquirem ou possuem. Neste sentido, a discussão ÉTICA de nossa responsabilidade com o mundo que habitamos e do qual somos construtores, deve permear o sentido de nossa tarefa de educar, afinal responder de forma consistente à pergunta que líderes e gestores a humanidade precisa para sobreviver mais dignamente no futuro.

Ao final das discussões fóbicas e geopolíticas que até agora têm dominado o cenário internacional sobre meio ambiente e sustentabilidade, quem sabe, as gerações de administradores públicos e privados que nos seguirão, discutirão e implementarão práticas e definirão objetivos estratégicos que privilegiam mais a cooperação do que a simples destruição de concorrentes, mais o valor de uma organização pela produção sem impactos ambientais do que pela capacidade de gerar dividendos, mais a distribuição justa desses dividendos pelo esforço e empenho das pessoas no trabalho socialmente necessário do que pela agilidade em conceder crédito e especular em cima de ativos virtuais, mais pelo uso das técnicas de comunicação social em descobrir as necessidades e preferências dos consumidores, do que suscitar furores por artigos e serviços supérfluos cujo consumismo demonstra ser afinal danoso a todos no médio e longo prazo, enfim, mais pela qualidade do ar e da água que deixaremos para nossos filhos do que a riqueza efêmera que medimos pelo PIB – Produto Interno Bruto.

No Direito não haverá de ser diferente. Seria útil se a sociedade brasileira pergunta-se que tipo de profissional jurídico gostaria de ter. Isto levaria a uma consciência maior por parte de todos envolvidos na educação dos futuros doutos, doutrinadores, juristas, professores, e profissionais de forma geral do Direito.

O fato é que o Direito é superestrutura social, e como tal, mantém uma relação de reciprocidade complexa, mas inexorável com a base estrutural da sociedade. De tal forma seria impossível imaginar que o sistema jurídico, a legislação e o ordenamento de forma global estivessem à revelia do sistema de mercado e da tecnocracia, do poder das elites e governamental. O limite do Sistema de Direito é exatamente o fato de não poder subsistir com um Direito material e processual que bata de frente com os interesses que determinam as relações concretas de produção. Por exemplo, a propriedade privada e a ordem econômica de forma geral constante em nossa Constituição, não estão aí de forma doutrinária, filosófica ou consagrando igualdade jurídica entre os agentes sociais, mas, inversamente, se expressam de acordo com essa mesma forma social a reproduzir e produzir os bens necessários à sobrevivência social (cf. Sacadura. *Sociologia Jurídica*. Caps. 8 e 9). A doutrinação, a jurisprudência e a hermenêutica jurídica seguem a mesma orientação estrutural de forma a justificar juridicamente as práticas e táticas das classes dominantes que melhor podem influenciar a legislatura, o judiciário e o governo. Daí que no nível educacional se atenda preferencialmente a essa mesma dinâmica.

Mas o legislador constituinte em 1988 também previu a proteção e integração da sociedade brasileira com relação ao meio ambiente, nos seguintes termos:

MEIO AMBIENTE

> *Art. 225. Todos têm direito ao meio ambiente ecologicamente equilibrado, bem de uso comum do povo e essencial à sadia qualidade de vida, impondo-se ao Poder Público e à coletividade o dever de defendê-lo e preservá-lo para os presentes e futuras gerações. (Seguem-se 7 parágrafos e 7 incisos).*

A título ilustrativo da magnitude do impacto constitucional ambiental, algumas metas em áreas ecologicamente sensíveis que o Brasil deve atingir para dotar o País de uma produção sustentável e ajudar o mundo em seu problema ecológico – apresentado pelo Brasil na COP26 realizada em Glasgow, Escócia, em novembro de 2021, e que manteve o aumento da temperatura do planeta em até 1,5°C (fonte WRI Brasil):

- Eliminar os gases de efeito estufa (GEE) até 2030 em 50%, com base nas emissões de 2005 e como referência o Quarto Inventário Nacional de Emissões estimado em 2,4 GtCO2e, que corresponde a 1,2 GtCO2e (bilhões de toneladas de gases de efeito estufa). Estas metas foram ajustadas mantendo-se o mesmo nível de ambição apresentado em 2015, diminuindo o compromisso de 2015 de redução que era 1,6 GtCO2e.
- A meta de redução do desmatamento anteriormente estipulada pelo governo era de cerca de 3800 Km^2/ano até 2020. Segundo os dados o Brasil em junho de 2012 já havia cumprido 80% da meta estabelecida. Na COP26 o compromisso do Brasil foi zerar o desmatamento ilegal até 2028: 15% por ano até 2024, 40% em 2025 e 2026, e 50% em 2027, comparando com ao ano de 2022. No entanto, logo após a COP26, o Brasil apresentou os dados oficiais de desmatamento, cujos dados medidos pelo INPE, em 18/11/2021, mostraram a maior taxa dos últimos 15 anos, ultrapassando os 13 mil km^2 de florestas desmatadas. O fato do compromisso do Estado brasileiro se referir a *desmatamento ilegal* não altera significativamente suas metas, uma vez que estatísticas do MapBiomas indica que 99% do desmatamento no país é ilegal.

- O desmatamento de nossas florestas, como a Amazônia, não apenas reduz a capacidade de absorção dos gases de efeito estufa (CO_2), mas contribui significativamente para a emissão desses gases uma vez que após o desmatamento seguem-se as queimadas para limpar e preparar a terra para o agronegócio. Para se ter uma ideia o Brasil emitiu em 2016 cerca de 19.333 Gg de metano, sendo 76,1% proveniente da atividade agropecuária – o metano causa mais danos à atmosfera do que o CO_2.

NOVO CÓDIGO FLORESTAL

Recentemente o Brasil elaborou novo Código Florestal, Lei N.º 12.651/2012, com imensos impactos e consequências para a natureza e para o meio ambiente. O Projeto de Lei N.º 1876/1999, foi apresentado em plenário na Câmara Federal em 19 de outubro de 1999, e após muitas consultas e audiências públicas, muitas discussões e embates de ambientalistas com os produtores e empresários do agronegócio nacional, o Congresso Nacional aprovou a referida lei em 25 de maio de 2012, encaminhando-a para aprovação e publicação ao Poder Executivo. No entanto, vários artigos foram vetados pela presidência da República, que ofereceu novo texto emendado através de Medida Provisória de N.º 571/2012. Até hoje várias Ações foram perpetradas junto ao STF (Supremo Tribunal Federal) atualizando o referido Código Florestal (ADIN 4903/2018; ADC 42/2018), e também diversas leis de iniciativa legislativa como a Lei 13887/2019 e a Lei 14285/2021.

Por aqui se vê o quanto o Brasil, ainda que apresente boas intenções, está longe de garantir um desenvolvimento sustentável compatível com os interesses de toda a Nação, e as necessidades do Mundo, quanto à preservação do meio ambiente e da qualidade de vida das gerações futuras. E, uma vez mais, o quanto os interesses de grupos e indivíduos se apresentam articulados e fortes quando a dimensão econômica precisa ser equacionada de forma racional e digna. Toda a atenção jurídica ao debate atual sobre ecologia e sustentabilidade será necessária para que não se repita mais uma vez o descaso do Direito quanto aos grandes interesses nacionais, quanto ao futuro do povo brasileiro, da humanidade de forma global, afinal o homem também é parte da Ecologia.

ANEXOS

Anexo

1

MANIFESTO ANTROPOFÁGICO

Só a antropofagia nos une. Socialmente. Economicamente. Filosoficamente.

Única lei do mundo. Expressão mascarada de todos os individualismos, de todos os coletivismos. De todas as religiões. De todos os tratados de paz.

Tupy, or not tupy that is the question.

Contra todas as catequeses. E contra a mãe dos Gracos.

Só me interessa o que não é meu. Lei do homem. Lei do antropófago.

Estamos fatigados de todos os maridos católicos suspeitosos postos em drama. Freud acabou com o enigma mulher e com outros sustos da psicologia impressa.

O que atrapalhava a verdade era a roupa, o impermeável entre o mundo interior e o mundo exterior. A reação contra o homem vestido. O cinema americano informará.

Filhos do sol, mãe dos viventes. Encontrados e amados ferozmente, com toda a hipocrisia da saudade, pelos imigrados, pelos traficados e pelos *touristes*. No país da cobra grande.

Foi porque nunca tivemos gramáticas, nem coleções de velhos vegetais. E nunca soubemos o que era urbano, suburbano, fronteiriço e continental. Preguiçosos no mapa-múndi do Brasil. Uma consciência participante, uma rítmica religiosa.

Contra todos os importadores de consciência enlatada. A existência palpável da vida. E a mentalidade prelógica para o Sr. Levi Bruhl estudar.

Queremos a revolução Caraíba. Maior que a Revolução Francesa. A unificação de todas as revoltas eficazes na direção do homem. Sem nós a Europa não teria sequer a sua pobre declaração dos direitos do homem. A idade do ouro anunciada pela América. A idade de ouro. E todas as *girls*.

Filiação. O contato com o Brasil Caraíba. *Oú Villegaignon print terre. Montaigne.* O homem natural. Rousseau. Da Revolução Francesa ao Romantismo, à Revolução Bolchevista, à Revolução surrealista e ao bárbaro tecnizado de Keyserling. Caminhamos.

Nunca fomos catequizados. Vivemos através de um direito sonâmbulo. Fizemos Cristo nascer na Bahia. Ou em Belém do Pará.

Mas nunca admitimos o nascimento da lógica entre nós. Contra o Padre Vieira. Autor do nosso primeiro empréstimo, para ganhar comissão. O rei analfabeto dissera-lhe: ponha isso no papel mas sem muita lábia. Fez-se o empréstimo. Gravou-se o açúcar brasileiro. Vieira deixou o dinheiro em Portugal e nos trouxe a lábia.

O espírito recusa-se a conceber o espírito sem corpo. O antropomorfismo. Necessidade da vacina antropofágica. Para o equilíbrio contra as religiões de meridiano. E as inquisições exteriores.

Só podemos atender ao mundo orecular.

Tínhamos a justiça codificação da vingança. A ciência codificação da Magia. Antropofagia. A transformação permanente do Tabu em totem.

Contra o mundo reversível e as ideias objetivadas. Cadaverizadas. O stop do pensamento que é dinâmico. O indivíduo vítima do sistema. Fonte das injustiças clássicas. Das injustiças românticas. E o esquecimento das conquistas interiores.

Roteiros. Roteiros. Roteiros. Roteiros. Roteiros. Roteiros. Roteiros.

O instinto Caraíba. Morte e vida das hipóteses. Da equação eu parte do *Kosmos* ao axioma *Kosmos* parte do eu. Subsistência. Conhecimento. Antropofagia.

Contra as elites vegetais. Em comunicação com o solo.

Nunca fomos catequizados. Fizemos foi Carnaval. O índio vestido de Senador do Império. Fingindo de Pitt. Ou figurando nas óperas de Alencar cheio de bons sentimentos portugueses.

Já tínhamos o comunismo. Já tínhamos a língua surrealista. A idade de ouro.

- Catiti Catiti
- Imara Notiá
- Notiá Imara
- Ipeju

A magia e a vida. Tínhamos a relação e a distribuição dos bens físicos, dos bens morais, dos bens dignários. E sabíamos transpor o mistério e a morte com o auxílio de algumas formas gramaticais.

Perguntei a um homem o que era o Direito. Ele me respondeu que era a garantia do exercício da possibilidade. Esse homem chamava-se Galli Matias. Comi-o.

Só não há determinismo, onde há mistério. Mas que temos nós com isso?

Contra as histórias do homem, que começam no Cabo Finisterra. O mundo não datado. Não rubricado. Sem Napoleão. Sem César.

A fixação do progresso por meio de catálogos e aparelhos de televisão. Só a maquinaria. E os transfusores de sangue.

Contra as sublimações antagônicas. Trazidas nas caravelas.

Contra a verdade dos povos missionários, definida pela sagacidade de um antropófago, o Visconde de Cairu: – É a mentira muitas vezes repetida.

Mas não foram cruzados que vieram. Foram fugitivos de uma civilização que estamos comendo, porque somos fortes e vingativos como o Jabuti.

Se Deus é a consciência do Universo Incriado, Guaraci é a mãe dos viventes. Jaci é a mãe dos vegetais.

Não tivemos especulação. Mas tínhamos adivinhação. Tínhamos Política que é a ciência da distribuição. E um sistema social-planetário.

As migrações. A fuga dos estados tediosos. Contra as escleroses urbanas. Contra os Conservatórios, e o tédio especulativo.

De William James a Voronoff. A transfiguração do Tabu em totem. Antropofagia.

O pater famílias e a criação da Moral da Cegonha: Ignorância real das coisas + falta de imaginação + sentimento de autoridade ante a prole curiosa.

É preciso partir de um profundo ateísmo para se chegar à ideia de Deus. Mas o caraíba não precisava. Porque tinha Guaraci.

O objetivo criado reage como os Anjos da Queda. Depois Moisés divaga. Que temos nós com isso?

Antes dos portugueses descobrirem o Brasil, o Brasil tinha descoberto a felicidade.

Contra o índio de tocheiro. O índio filho de Maria, afilhado de Catarina de Médicis e genro de D. Antônio de Mariz.

A alegria é a prova dos nove. No matriarcado de Pindorama.

Contra a Memória fonte do costume. A experiência pessoal renovada.

Somos concretistas. As ideias tomam conta, reagem, queimam gente nas praças públicas. Suprimamos as ideias e as outras paralisias. Pelos roteiros. Acreditar nos sinais, acreditar nos instrumentos e nas estrelas.

Contra Goethe, a mãe dos Gracos, e a Corte de D. João VI.

A alegria é a prova dos nove.

A luta entre o que se chamaria Incriado e a Criatura-ilustrada pela contradição permanente do homem e o seu Tabu. O amor quotidiano e o modus vivendi capitalista. Antropofagia. Absorção do inimigo sacro. Para transformá-lo em totem. A humana aventura. A terrena finalidade. Porém, só as puras elites conseguiram realizar a antropofagia carnal, que traz em si o mais alto sentido da vida e evita todos os males identificados por Freud, males catequistas. O que se dá não é uma sublimação do instinto sexual. É a escala termométrica do instinto antropofágico. De carnal, ele se torna eletivo e cria a amizade. Afetivo, o amor. Especulativo, a ciência. Desvia-se e transfere-se. Chegamos ao aviltamento. A baixa antropofagia aglomerada nos pecados do catecismo – a inveja, a usura, a calúnia, o assassinato. Peste dos chamados povos cultos e cristianizados, é contra ela que estamos agindo. Antropófagos.

Contra Anchieta cantando as onze mil virgens do céu, na terra de Iracema – o patriarca João Ramalho fundador de São Paulo.

A nossa independência ainda não foi proclamada. Frase típica de D. João VI: – Meu filho, põe essa coroa na tua cabeça, antes que algum aventureiro o faça! Expulsamos a dinastia. É preciso expulsar o espírito bragantino, as ordenações e o rapé de Maria da Fonte.

Contra a realidade social, vestida e opressora, cadastrada por Freud – a realidade sem complexos, sem loucura, sem prostituições e sem penitenciárias do matriarcado de Pindorama.

Oswald de Andrade, em Piratininga, ano 374 da deglutição do Bispo Sardinha.

(Originalmente publicado em Revista de Antropofagia, n. 1, ano 1, maio de 1928, São Paulo)

Anexo

2

É CARNE DE PESCOÇO

Notícias de canibalismo causam agitação: anunciam que alguém transgrediu uma das mais graves proibições, despertando lembranças ancestrais e desejos reprimidos. Produzem ainda sentimentos de horror e repulsa, igualáveis aos desencadeados pelo incesto. Ambos – canibalismo e incesto – parecem nos transportar para estados supostamente anteriores ou exteriores à sociedade e à cultura, aos quais a antropologia também se dirige.

Viajantes europeus dos séculos XVI e XVII como o artilheiro alemão Hans Staden e o pastor francês Jean de Léry descreveram os rituais antropofágicos tupinambá com grande riqueza de detalhes. Jesuítas, como Antonio Vieira, designaram essas práticas de "maus costumes", incluindo a poligamia, a nudez, as bebedeiras e a vingança de sangue, que em vão tentaram combater. Apenas quando foi decretado que índios canibais poderiam e deveriam ser perseguidos, mortos ou escravizados, e os demais poupados, é que a notícia dessa prática começou a diminuir: seja porque passou a ser secreta, seja porque alguns notórios antropófagos, como os Tupinambá habitantes de boa parte da costa brasileira, tinham sido praticamente exterminados.

SELVAGENS

Michel de Montaigne publicou Ensaios em 1580. No seu interior pode-se ler o opúsculo "Dos Canibais", em que afirma não haver nada de bárbaro ou selvagem no que dizem desses povos. Sem ter atravessado o Atlântico, e limitando-se a entrevistar marinheiros e líderes tupinambá levados à França, Montaigne criou a imagem do índio honrado e nobre que enfrenta o perigo com coragem e encara sua própria execução como resultado lógico e natural de sua condição de guerreiro. Quando capturado pelos inimigos igualmente indígenas, o guerreiro era morto e posteriormente comido por todos os membros – com exceção de seu executor – e convidados da aldeia na qual estava aprisionado, num ritual que seguia uma conhecida e rígida etiqueta. Antes de morrer, ouvia o seu algoz dizer-lhe: "aqui estou eu, quero matar-te pois tua gente também matou e comeu muitos dos meus amigos", ao que ele respondia: "quando estiver morto, terei ainda muitos amigos que saberão vingar-me". Cortado em pedaços e esfolado, era assado num moquém, e todos apreciavam sua carne. A gordura que escorria pelas ripas era recolhida pelas velhas e por elas consumida com especial prazer. Das vísceras fazia-se um mingau para as crianças, também apreciado pelas mulheres. O executor, entretanto, mantinha-se afastado do banquete, porém incorporava o nome da vítima como uma grande honra, sabendo que futuramente também seria vingado. Dessa forma os Tupinambá ingeriam a alteridade inimiga, recriando uma cadeia de relações que mantinha a sociedade viva.

A antropofagia tupinambá foi classificada como exocanibalismo: come-se os outros. Contudo, há também o inverso: povos que comem a si próprios praticando, assim, o endocanibalismo. Esse é o caso dos Guayaki, povo caçador e nômade do Paraguai que, na década de 1960, talvez tenha realizado seu último banquete canibal. Eles também assavam o morto no moquém e a carne era comida, com palmito, por todos a não ser pelos parentes mais próximos: pai, mãe, irmãos e filhos. A gordura também era o néctar das velhas. A cabeça era cozida e comida pelos anciãos de ambos os sexos; o pênis era oferecido, cozido, às mulheres grávidas, para que nascessem filhos homens (caçadores) e o órgão sexual feminino era enterrado. Quebravam-se os ossos, dos quais se tirava o tutano, e ao final o crânio era triturado e queimado. Com a fumaça produzida pelo fogo que reduzia a cinzas os restos do crânio, a alma do morto – mero fantasma – viajaria para seu destino, o país dos mortos, local para onde se recusaria a ir se ainda encontrasse algum vestígio do corpo no qual poderia continuar a ficar preso aos vivos.

Os canibalismos exemplificados pelos Tupinambá e Guayaki se destacam pelo fato deles considerarem a carne humana uma delícia, a melhor das carnes, semelhante à do porco domesticado.

CIVILIZADOS

Mas há canibalismos praticados fora desse mundo indígena, e este obviamente não se resume às fronteiras das Américas. Canibalismos indígenas existiram (ou talvez continuem existindo) como rituais dos quais participa toda a comunidade, praticados a partir de regras conhecidas e respeitadas por todos, caracterizando-se pela ingestão de toda a carne ou só de uma pequena parcela de ossos moídos, transformando o ritual numa grande festa ou solenidade reservada aos parentes. No canibalismo indígena jamais se mata para comer, saciar a fome ou pelo desejo de carne humana, mesmo quando o banquete canibal é apreciado como fina iguaria.

Fora desses limites, no mundo que se autoproclama civilizado, o canibalismo é considerado crime bárbaro e prática de anormais. Se for realizado com a roupagem de algum ritual, geralmente está ligado a alguma seita – às vezes identificada como satânica –, e não é reconhecido como legítimo pelas normas e leis, nem pelos valores das demais religiões. O canibalismo permanece sendo associado a práticas ancestrais e costumes milenares e, por essa via, a rituais exóticos de povos selvagens.

Hoje lemos nos jornais sobre canibalismo na Guerra do Congo, na Tchetchênia, na China de Mao, de japoneses contra chineses durante a Segunda Guerra Mundial e entre facções de prisioneiros durante rebelião em presídio, no Brasil. Esses canibalismos são precedidos de torturas e violências sexuais e não têm nada a ver com fome ou algum ritual. São praticados por grupos que se devoram uns aos outros como manifestação de terror, o oposto da guerra Tupinambá.

Além desse terror, aparece o dos canibais individualizados, geralmente classificados pelas civilizadas ciências como algum tipo de psicopatologia. O Canibal de Milwaukee, de Minnesota (EUA), matou, violentou e comeu 17 rapazes adolescentes, supostamente seus jovens acompanhantes que morreram para que não o abandonassem. Em 1992, ele foi condenado à prisão perpétua, sem ser considerado insano. O Canibal de Montana (EUA), acusado de pedofilia, serviu talharim com carne num jantar. Possivelmente os convidados comeram um menino de 10 anos de idade e suspeita-se que ele tenha devorado outras crianças, conforme noticiado pela imprensa, no ano de 2001.

O Canibal de *Rotenburg* (Alemanha), apanhado pela polícia em dezembro de 2001, explicita um novo acontecimento. De um lado, não há mais arbitrariedade, mas o consentimento da vítima, levando à combinação de canibalismo e autofagia numa única prática. De outro, esta prática é explícita e iniciada a partir de anúncios e conversas internáuticas do canibal com possíveis candidatos ao festim. É um canibalismo consentido pela "vítima", consensual a um grupo de pessoas que compartilham de desejos semelhantes, mas inaceitável a uma sociedade, que o rejeita como qualquer outra forma de antropofagia.

Os canibalismos indígenas, por sua vez, eram consensuais no interior de práticas que obedeciam a regras seguidas por todos. Seja para vingar o guerreiro capturado e comido pelo inimigo, seja como forma de lidar com as almas dos próprios mortos: comer gente era rotina. Todo guerreiro sabia que seria comido e preferia que fosse assim; insuportável era a ideia de ser devorado por vermes, com o próprio corpo apodrecendo numa cova. Nesses casos comer é também prazer e é nesse sentido que o verbo, não só em português, se refere tanto à alimentação quanto ao sexo.

O canibalismo no caso *Rotenburg* não é mais o do terror, mas o do consentimento entre algoz e vítima, em que ambos satisfazem um particular desejo pela carne humana. Manifesta uma nova forma de realizar o duplo sentido de comer. Outra coisa é o canibalismo de terror, o das guerras, dos rituais de seitas, aquele que visa simplesmente imobilizar o outro pelo medo, coletiva ou individualmente. Se há prazer nessa prática e se ela mescla alimento e sexo, o faz mostrando a alarmante atração pela morte.

Dorothea Voegeli Passetti – PUC/SP
(Publicado na Revista Radar – janeiro de 2004)

Anexo

3

O ESTADO DE ANGOLA CONTRA N'MAMBE BIKO

No dia 18 de fevereiro de 1982, N'mambe Biko, negro, 23 anos, pertencente à etnia Kibunda, aqui como réu, foi preso e instruído como culpado pela morte de Kawe Okib, criança de 4 anos e sua vizinha, ambos moradores da mesma aldeia, em virtude de golpe de machado na cabeça, cujo ferimento causou morte instantânea. A Promotoria pediu condenação por crime doloso em 1º grau, motivada por ato tão brutal contra uma criança sem qualquer possibilidade de defesa. O caso foi amplamente noticiado no país e fora dele, principalmente nos países vizinhos, em Portugal e no Brasil. O caso chamou mais atenção por Biko haver conseguido um advogado branco, Joaquim Flores, 32 anos, nascido em Angola e designado pelo Estado, uma vez que sua família não tinha posses para contratar um particular. A Promotoria foi representada por Sillas M'nembat, 35 anos, oriundo da etnia Umbundo. O caso estava a cargo do juiz Pedro Okabe, 47 anos, angolano de nascença, mas educado em Moçambique e formado em Direito pela Universidade de Lisboa. O julgamento aconteceu em primeira sessão no dia 17 de junho do mesmo ano, e a sentença foi pronunciada no dia 25 de janeiro de 1983.

Os Autos: "Na noite de 18 de fevereiro de 1982, de Nosso Senhor Jesus Cristo, na aldeia Kibunda Balaloê, situada 60 km a nordeste da capital, Luanda, da República Popular de Angola, N'Mambe Biko assistia a cerimônia religiosa onde participava sua família e a de seus vizinhos, comandada pelo curandeiro da aldeia. A cerimônia era para afastar um demônio poderoso, conhecido por Herwisch, causador, segundo as duas famílias, da morte de uma cabra, 2 porcos e de colheitas ruins do último plantio de inhame. Como nas aldeias kibundas, a criação e o plantio de subsistência são compartilhados por duas ou três famílias, dependendo do tamanho das mesmas, as duas famílias chamaram o curandeiro e decidiram exorcizar o demônio, prática secular entre esse povo.

A cerimônia começou logo que o sol se pôs, e como é período de chuvas, isso se deu por volta das 20h, e se estendeu por mais de duas horas, quando então o crime aconteceu, estabelecido pela perícia como sendo às 22h e 30 minutos, o que bateu com as investigações da promotoria e defesa. Naquele momento as famílias estavam juntas em volta da fogueira, gritando e contorcendo-se de forma bastante agressiva, deitados no chão ou em pé, guiados pelo curandeiro que havia ministrado "shintoo" – bebida alcoólica fermentada a partir do inhame com mistura de outras ervas nativas – durante todo o ritual, conforme prática secular desse povo.

Como costume do povo Kibundo, só participam desse tipo de cerimônia pessoas com idade superior a 30 anos, motivo pelo qual N'Mambe Biko assistia sentado ao ritual, com sua irmã de 8 anos, distante uns 8 metros, e perto da porta de sua casa. Com medo diante da cerimônia, a irmã do réu retirou-se para dentro de sua casa, voltando num espaço de 10 minutos, bastante amedrontada e chorando, alegando que o demônio Herwisch estava em sua casa e não a deixava dormir. Assustado, N'Mambe Biko pegou seu machado e entrou na casa, seguido por sua irmã, quando viu a toalha da mesa escorregar lentamente por cima de algo que se dirigia em sua direção e de sua irmã. De forma imediata N'Mambe Biko desferiu um golpe de machado no "demônio". Os fatos foram assim testemunhados por sua irmã de 8 anos e corresponderam fidedignamente à própria versão do réu, quando interrogados separadamente, tanto pela promotoria como pela defesa.

Na verdade, N'Mambe Biko assassinara Kawe Okib, criança de 4 anos, filha mais nova dos Okib, o casal vizinho, que havia entrado na casa dos Biko, e que debaixo da mesa havia puxado a toalha tentando se erguer e caminhar, fato que a encobriu completamente".

Desdobramentos do caso: As famílias Biko e Okib durante gerações casaram seus filhos e partilham uma história comum de dezenas de gerações, sendo vizinhos em muitas das aldeias de seu povo em vários países africanos.

N'Mambe Biko vive hoje longe da aldeia onde nasceu, de sua família e de seus amigos de infância, com os tios paternos, o que é angustiante e desonroso para ele, e que tem dificultado encontrar uma parceira para constituir sua própria família, uma vez que a tradição dos Kibundos é que o jovem adulto constitua família na aldeia de seus tios maternos, pois a herança espiritual e material se dá nesse povo através do irmão mais velho da mãe, e não do pai.

Pertinências do caso: A República Popular de Angola é uma ex-colônia portuguesa que em 1972 obteve sua independência. Desde então entrou em uma sangrenta guerra civil, principalmente entre duas facções políticas rivais, o que também juntou as várias etnias em dois grandes grupos guerrilheiros. Apesar de existirem várias etnias seculares no novo país, bem como em todo o continente africano, as etnias majoritárias em Angola são os Kibundos e os Umbundos. Numa tentativa de pôr fim aos conflitos de quase 30 anos, o governo angolano admitiu a ocupação de cargos públicos por qualquer etnia, num acordo onde a facção UNITA, ainda na clandestinidade, ocuparia cargos no governo e poderia participar das eleições. No entanto, o processo de paz não logrou êxito e a guerra continua até hoje, apesar da miscigenação entre as várias etnias ter aumentado nos últimos anos. Historicamente esses grupos étnicos têm guerreado ao longo de séculos e o ódio entre eles chega a ser ainda hoje bastante marcante. O governo angolano, oriundo de partido francamente marxista, o MPLA, tomou o poder em 1972 no meio da guerra civil e da fuga em massa de colonos portugueses e angolanos brancos. Para ser reconhecida como nação autônoma, instituiu o português como língua oficial e moldou suas instituições jurídicas com base no Direito de Portugal, efetuando modificações pertinentes a sua realidade.

(Adaptado das experiências reais e pessoais do autor, José Manuel de Sacadura Rocha, em 11 anos vividos, nas décadas de 1960 e 1970, em Angola)

Anexo

4

A HISTÓRIA CHEYENNE CONTADA POR LOBO NEGRO

Um cheyenne chamado Lobo Negro contou, para o antropólogo que estudou sua tribo, as desventuras contadas por um índio chamado Pawnee. Pawnee contava sua história para os jovens que, após seu castigo, conhecera num acampamento distante de sua antiga casa, aconselhando-os sobre o comportamento correto para com os outros. No lugar em que havia nascido (Oklahoma), quando jovem, Pawnee era um "malandro" que vivia roubando carne da despensa alheia, pegando cavalos sem pedir licença, xingando e desrespeitando as pessoas.

Os soldados de seu acampamento haviam proibido que se pegassem cavalos sem permissão do dono. Mas Pawnee desobedeceu e levou dois belos cavalos adorados pelos seus donos, para bem longe. No quarto dia de cavalgada, foi apanhado pelos soldados Corda-de-Arco, que em seguida lhe tiraram os cavalos, as roupas, os mantimentos e o espancaram até deixá-lo caído no chão. Conseguiu se arrastar por um dia ao encontro de um acampamento de caçadores de búfalos. Mas sem forças e só com água achou que iria morrer e então se arrastou, sangrando, para o alto de uma colina. Foi salvo três dias após por um jovem chefe de outra tribo Cheyenne que, apiedado dele, levou-o para seu acampamento. Este chefe era Lobo-do-Dorso-Alto (morreu em julho de 1865 lutando contra tropas americanas).

Lá chegando, o chefe mandou a esposa lhe dar comida e cuidar dos ferimentos. Depois Lobo-do-Dorso-Alto chamou os outros chefes que também eram soldados. Fumou seu cachimbo com todos e disse para Pawnee: "Agora conte a verdade. Você foi apanhado por inimigos e despojado de seus pertences ou foi outra coisa? Você me viu fumar o cachimbo, você o tocou com os seus próprios lábios. Isto é para ajudá-lo a falar a verdade. Se você nos contar tudo honestamente, Mayun lhe ajudará". Pawnee contou tudo. O chefe, depois, de lhe falar sobre a sociedade Cheyenne e afirmar-lhe que um membro da tribo não rouba outro, ofereceu-lhe um cavalo, uma pistola, uma pele de onça que ele mesmo costumava usar nos desfiles. Os outros chefes lhe deram peles de castor, colares, *mocassins* e dois cavalos extras. Então Lobo-do-Dorso-Alto disse que podia ficar quanto tempo quisesse, mas recomendou-lhe juntar-se a uma sociedade de soldados Cheyennes do Norte para aprender o bom comportamento, e pediu que Pawnee prometesse ser decente dali em diante.

Então contou Lobo do Norte o que escutou quando menino de Pawnee: "Quando os Flexas (a tribo de Lobo-do-Dorso-Alto) se foram, renovados, os Raposos (sociedade de soldados) montaram sua tenda para conseguir mais homens. Eu entrei, me reuni a eles.... Eu permaneci com os Cheyennes do Norte por muito tempo, até o tratado de *Horse Creek* (um tratado observado pelos índios, em 1851, porém nunca ratificado pelo Congresso dos Estados Unidos). Embora eu viesse a me tornar um chefe dos soldados Raposos entre os povos do Norte, eu nunca me importei com os bandos do sul. Essas pessoas sempre se lembravam de mim como uma pessoa sem valor.

Vocês, meninos, lembrem-se disso. Você pode fugir, porém seu povo sempre se lembra. Apenas obedeçam às leis do acampamento e vocês farão tudo certo".

(Adaptado de "The Cheyenne Way" de Llewellyn e Hoebel, caso 2. In SHIRLEY, Robert Weaver. Antropologia jurídica. São Paulo: Saraiva, 1987, p. 35-38)

Anexo

5

ORGULHO DA ETNIA

Enquanto Oliveira Viana, reproduzindo as teses racistas importadas da Europa, depositava suas esperanças no Brasil Meridional "arianizado" pela imigração europeia, a verdadeira resposta ao repto racista veio de Gilberto Freyre, autor de uma prodigiosa obra de interpretação da sociedade brasileira, apresentada na trindade composta por "Casa grande e senzala" (1933), "Sobrados e mocambos" (1936), e "Ordem e progresso" (de 1959). Recuperou ele, por primeiro, a importância da colonização lusitana apontando-a como a mais hábil e flexível para lidar com as complexidades do trópico. Portugal, justo por ter um pé na Europa e outro na África, havia conseguido a façanha de erguer uma sociedade peculiar nas terras do Brasil: a Civilização Luso-tropicalista.

Civilização caracterizada entre outras coisas pela sua incrível plasticidade racial, o que impediu a formação de regimes racistas como aqueles que vigiam no sul dos Estados Unidos e na África do Sul, conseguindo legar aos brasileiros um clima de afabilidade inter-racial. Ao invés de exasperar-se com a presença negra, como era costume e como lamentava Nina Rodrigues, ele enalteceu a enorme contribuição africana ao modo de ser dos brasileiros, que ia desde a presença da mãe-preta, a aia das famílias brancas, até os alimentos e bebidas.

O esforço de Gilberto Freyre, em grande parte bem-sucedido, concentrou-se em fazer com que os brasileiros se aceitassem como eram, para que não ficassem eternamente se lamentando, enrolados num complexo de inferioridade por não terem sido colonizados pelos ingleses ou pelos batavos.

O MARXISMO E O NACIONALISMO

No após Segunda Guerra Mundial, a questão da dimensão do subdesenvolvimento adquiriu outros foros. A busca por explicações políticas ou culturalistas (que atribuíam o atraso nacional à vida longa da monarquia escravagista, à herança lusitana, à excessiva miscigenação ou ao caboclo), cristalizou-se num outro patamar: o estrutural, de horizontes bem mais amplos. A influência marxista e a keynesiana, teorias contemporâneas do prestígio alcançado pela URSS na Segunda Guerra Mundial e das políticas públicas inspiradas em John M. Keynes, se fizeram cada vez mais presentes no Brasil.

Da enormidade dos trabalhos produzidos desde então, ressalta-se o de Caio Prado Jr. e o de Celso Furtado como os mais representativos dessas duas correntes. Para eles, guardadas as diferenças, a razão do atraso devia-se prioritariamente às causas externas, a maioria delas alheias à vontade dos brasileiros. Para os marxistas e para os histórico-estruturalistas (como os keynesianos de esquerda se diziam), num universo dominado pelo capitalismo imperialista não havia espaço para o crescimento nacional, autônomo. O sistema internacional, hegemonizado pelas potências do Primeiro Mundo, sugava todos os recursos, econômicos e materiais, fazendo com que a concentração de capital e riqueza se desse bem longe do Brasil.

Esses Teóricos da Descolonização ou da Revolução, como então foram entendidos, diziam que impedido de acumular a poupança interna, para sobreviver, o país vivia à míngua, eternamente dependente da banca internacional, obrigado a contratar empréstimos lesivos, sendo esganado por juros escorchantes. Uma espécie de titã preso à rocha pelos grilhões do endividamento externo. De certo modo, era uma explicação mais sofisticada do que a apresentada muitos anos antes pelo escritor e historiador integralista Gustavo Barroso (*Brasil Colônia de Banqueiros*, de 1934), que denunciava a existência de uma histórica cabala de financistas judeus, liderados pela Casa Rothschild, que trazia o Brasil amarrado à dívida, como os principais responsáveis pelas mazelas nacionais. (*) A antinomia atrasado/evoluído que dominava o cenário das diferenças entre os países, inspirada no evolucionismo europeu, foi trocada depois da II GM pela antinomia subdesenvolvido/desenvolvido, mais ao gosto dos cientistas sociais norte-americanos (vide Walt Rostow – *Etapas do Desenvolvimento Econômico,* 1960)

A CULPA DAS ELITES

A explicação histórico-estrutural, alinhada com as teses do nacionalismo político dos anos 50, levava a conclusões políticas muito claras, visto que girava suas baterias não para baixo, para as idiossincrasias do povo brasileiro ou para a herança luso-monárquico-escravista, mas para cima, para a classe dominante (ou para as suas elites, como muitos preferem dizer). Colonizada e irresponsável, insensível frente à miséria nacional e ao abismo das desigualdades, a oligarquia nacional, rica e egocêntrica, era a causadora do subdesenvolvimento.

A atrelar o destino nacional a uma Economia-Mundo que não favorecia os interesses gerais do povo, mantendo-o assim na marginalidade e no pauperismo, ela é quem devia responder pelo descalabro nacional. Concordava ambas as correntes, tanto a marxista como a histórico-estruturalista, que o avanço do capitalismo condenava o país à estagnação e as massas à miséria.

A solução que apresentavam então, superadora do subdesenvolvimento, dividia-se entre a esperança da eclosão de uma Revolução Socialista, no caso dos marxistas, ou a alternativa reformista por meio da implementação da Política da Substituição das Importações, doutrina de origem cepalina (da CEPAL, Comissão Econômica para a América Latina), que somente podia ser levada adiante pelo Populismo devido a sua inclinação dirigista e intervencionista. Para eles, o avanço do capitalismo desenvolvia o subdesenvolvimento.

Voltaire Schilling – Historiador
https://www.terra.com.br/noticias/educacao/historia/as-razoes-do-atraso-e-do-subdesenvolvimento,abdb6fff8d78a048948d84da7ebc1c7fshpxkvow.html

Anexo

6

"SENTENÇA PROFERIDA CONTRA OS RÉUS DO LEVANTE E CONJURAÇÃO DE MINAS GERAIS"

(Às folhas 57, 90 e verso do 9º volume do códice 5)

Sentença proferida contra os Réus do Levante e conjuração de Minas Gerais.

Acordam em Relação os da Alçada etc. Vistos estes autos, que em observância das Reais ordens se fizeram sumários aos vinte e nove réus pronunciados, conteúdos na relação de folhas 14, verso. Devassas, perguntas, apensos e defesa alegada pelo Procurador que lhes foi nomeado etc. Mostra-se que na Capitania de Minas alguns vassalos da dita Senhora, animados de espírito da pérfida ambição, formaram um infame plano para se subtraírem da sujeição e obediência devida à mesma Senhora, pretendendo desmembrar e separar do Estado aquela Capitania, para formarem uma república independente, por meio de uma formal rebelião, da qual se erigiram em chefes e cabeças, seduzindo a uns para ajudarem e concorrerem para aquela pérfida ação, e comunicando a outros os seus atrozes e abomináveis intentos, em que todos guardavam maliciosamente o mais inviolável [...] prova, que especificamente soubessem da conjuração e dos ajustes dos conjurados, mas que somente souberam das diligências públicas, e particulares, que fazia o réu Tiradentes, para induzir gente para o levante, e estabelecimento da república, pelas práticas gerais que com ele teve, ou pelos convites que lhes fez para entrarem na sublevação, suposto que não estejam em igual grau de malícia e culpa como os sobreditos réus, contudo a reserva de segredo de que usaram, sem embargo de reconhecerem, e deverem reconhecer a obrigação que tinham de delatar isso mesmo que sabiam, pela qualidade e importância do negócio, sempre faz um forte indício da sua pouca fidelidade, o que sempre é bastante para estes réus ao menos serem apartados daqueles lugares onde uma vez se fizeram suspeitosos, porque o sossego dos povos e conservação do Estado pedem todas as seguranças para que a suspeita do contágio da infidelidade de uns, não venha a comunicar-se e contaminar os mais. Portanto condenam o réu Joaquim José da Silva Xavier, por alcunha o Tiradentes, alferes que foi do Regimento pago da Capitania de Minas, a que, com baraço e pregão seja conduzido pelas ruas públicas ao lugar da forca, e nela morra morte natural para sempre, e que depois de morto lhe seja cortada a cabeça e levada a Vila Rica, onde no lugar mais público dela, será pregada em um poste alto, até que o tempo a consuma, e o seu corpo será dividido em quatro quartos, e pregados em postes, pelo caminho de Minas, no sítio da Varginha e das Cebolas, onde o réu teve as suas infames práticas, e os mais nos sítios das maiores povoações, até que o tempo também os consuma, declaram o réu infame, e seus filhos e netos tendo-os, e os seus bens aplicam para o Fisco e Câmara Real, e a casa em que vivia em Vila Rica será arrasada e salgada, para que nunca mais no chão se edifique, e não sendo própria será avaliada e paga a seu dono pelos bens confiscados, e mesmo chão se levantará um padrão pelo qual se conserve em memória a infâmia deste abominável réu; [...]

Anexo

7

ANTROPOLOGIA E POLÍTICA

Pierre Clastres leitor de La Boétie

Ser-para-Liberdade ou Medo da Liberdade?

"Trazendo de países distantes nossas formas de convívio (...), somos ainda hoje uns desterrados em nossa terra." [1]

Pierre Clastres inicia apontando o caráter transcendente da afirmação da liberdade presente no Discurso de La Boétie: além do momento social e político, no século XVI, da França e do próprio La Boétie, a questão que funda acerca da perda da liberdade por uma vontade de servir é "trans-histórica" pois fruto de um "fácil e ínfimo deslizar da História à lógica", da evidência natural histórica (servidão voluntária comum à todas as sociedades) à uma possibilidade lógica não abordada anteriormente (uma sociedade que ignore/recuse a servidão voluntária). Tal deslize permitirá considerarmos a sociedade de servidão ao tirano como um mau encontro que, por não ser eterno ou ontológico à estrutura da sociedade, não é necessário e possui um nascimento passível de estudo e entendimento. Pierre

1. Holanda, Sergio Buarque de. *Raízes do Brasil.* São Paulo, Companhia das Letras, 2008, pg.32.

Clastres adjetifica esse mau encontro como um acidente trágico que permitiu o "amor da servidão substituir-se ao desejo de liberdade"[2].

Esse mau encontro, assim como em La Boétie, possui aqui como consequência a desnaturação do homem, com a renúncia de seu ser, e a negação de sua necessidade natural de liberdade. Contudo, originalmente, o autor aponta como efeito o nascimento da História (pela divisão entre boa e má sociedade – respectivamente, ausência e presença de Estado) e, de forma irracional, do Estado. "Toda Sociedade dividida é uma sociedade de servidão"[3], e para o porquê é necessário abordarmos a mecânica social: "(...) não existe deslizamento progressivo da liberdade para a servidão, (...) o brutal mal encontro faz desabar o antes da liberdade no depois da submissão."[4], instalando uma relação de poder ao mesmo tempo opressiva e antinatural pois que negativa à liberdade.

Se o mau encontro estabelece a divisão da sociedade e a relação de poder entre servidores e servidos, o Estado nada mais é que a "extensão da relação de poder"[5], o exercício do poder que precisa se afirmar, tendo a divisão por motor e fundamento; e a História se inicia inserida nesse Estado, dentro dessa relação de poder, eternizando os Vencedores. Esse caminho é sem volta, pois nunca se realizou o retorno ao estágio anterior ao mau encontro, a abolição da relação de poder ou a reabsorção da divisão essencial da sociedade, provavelmente pela necessidade do estreitamento progressivo da servidão para legitimação da relação de poder do Estado e de sua existência.

A partir desse deslize lógico podemos, então, classificarmos dois tipos de sociedades: as ditas primitivas, cuja máquina social é anterior ao mau encontro, à relação de poder e ao Estado, e as sociedades ditas com Estado cuja máquina social implica num exercício do poder. Ao mesmo tempo temos dois questionamentos: Não a origem do mau encontro, pois que em termos modernos "seria perguntar a origem

---

2. Clastres, Pierre. "Liberdade, Mau Encontro, Inominável". In: La Boétie, Etienne. *Discurso da Servidão Voluntária*. São Paulo, Brasiliense, 1982, pg.110.
3. Ibid., pg.112.
4. Ibid., pg. 112.
5. Ibid, pg.113.

do Estado, a razão do irracional, reduzir o acaso à necessidade"[6], mas "Como outras sociedades evitaram o mau encontro, evitaram o Estado e a divisão da sociedade?" e "Como o mau encontro se perpetua além do direito natural de liberdade?". Segundo sua lógica *a priori*, La Boétie procura desvendar os mecanismos de perpetuação do mau encontro (o costume e o não se dizer de si a si), enquanto que Pierre Clastres, munido do conhecimento empírico da observação direta da etnografia contemporânea, irá abordar a primeira questão.

Mas a desnaturação do homem se segue em sentido regressivo, contudo não chega ao animal: escolhe servir a alguém, sem a necessidade do medo. Há uma nova ideia de homem, nem divino, nem bicho, nem homem, algo, enfim, inominável; entre a decadência, pois que perdeu a liberdade, e a alienação, pois que deve obedecer; detentor de vontade, contudo se assemelha mais ao desejo, desejo de se alienar, de servir. "O mau encontro se perpetua, visto que os homens assim o desejam".[7]

O primeiro ponto abordado por Clastres na via do entendimento da origem do desejo de submissão consiste em salientar que a sociedade primitiva ou tribo mantém de alguma forma a disjunção entre a chefia e o poder justamente porque se recusam à obediência: "(...) a propriedade mais notável do chefe indígena consiste na ausência quase completa de autoridade."[8]. Mas essa recusa não é inerente tão somente do caráter pessoal dos "Selvagens", mas, principalmente, do efeito individual do funcionamento das máquinas sociais nas quais estão inseridos: "é o resultado de uma ação e de uma decisão coletivas".[9] Nessa recusa, impede-se o desejo de submissão de se realizar, subsídio essencial à insurgência do desejo de poder, por isso Clastres diz que as "sociedades primitivas instituem-se como lugares de repressão do mau desejo (...) que espreita, talvez, toda sociedade e todo indivíduo de cada sociedade."[10]. E o fazem opondo à imanência dos desejos o *deve-se* não mudar nada em nosso ser indiviso e o *não se deve* deixar realizar

6. Ibid, p. 114.
7. Ibid., p. 115.
8. Clastres, Pierre. *A Sociedade contra o Estado*. São Paulo, Cosac & Naif, 2003, pg.46.
9. Idem."Liberdade, Mau Encontro, Inominável". In: La Boétie, Etienne. *Discurso da Servidão Voluntária*. São Paulo, Brasiliense, 1982, p. 116.
10. Ibid., p. 117.

o mau desejo. "E para que não se perca a memória da lei primitiva, ela é inscrita, em marcas iguais, dolorosamente recebidas, sobre o corpo dos jovens iniciados ao saber dessa lei", nesse "ato iniciático, o corpo individual (...) é objeto de um investimento coletivo que a sociedade inteira quis, para impedir que um dia o desejo individual (...) tente investir o campo social."[11] Muitos pontos acabam se clarificando aqui: o primeiro consiste no fato de que, ao contrário do que se pensa, não é necessária a experiência prévia do Estado para que se perceba sua não correlação com a natureza humana, e, consequentemente, que as ditas sociedades primitivas não são incapazes de chegar ao Estado, mas que, em posse de um conhecimento superior, o recusam; o segundo é como a máquina social impede o desenvolvimento dos maus desejos e o porque da recusa do servir ser mais expressão do coletivo do que insurgência do indivíduo.

Percebemos com tudo isso que as sociedades primitivas são conservadoras, mas não quanto ao desejo de poder ou à vontade de servidão, mas sim quanto ao seu ser-para-a-liberdade, em seu livre exercício de relações francas entre iguais. E conseguimos relacionar esse fato com a dedução lógica *a priori* de La Boétie segundo a qual se o homem nasceu para ser livre, então o primeiro modo de existência de uma sociedade deveria ser o da não divisão, o da não desigualdade. Não seria de se espantar que La Boétie tenha tido, em sua lógica, certa influência, ao descrever tal "gente novinha"[12], do saber relativo ao Novo Mundo na França em 1548 – suposta data de seu Discurso -, já antigo e constantemente renovado pelos navegadores.

Clastres, ao sintetizar o funcionamento da máquina social baseada na divisão e relação de poder, descreve que o soberano só deseja a obediência unânime de seus súditos impondo a lei do amor ao tirano, ao passo que os súditos, por sua vez, lhe obedecem realizando seus próprios desejos de submissão: amando a lei, amam o tirano e, num medo da liberdade provocado pela desnaturação, competem entre si pelo amor do soberano. Apagada a lembrança da liberdade e exaurido o desejo de reconquistá-la a "máquina está fadada a durar

11. Ibid., p. 118.
12. La Boétie, Etienne. *Discurso da Servidão Voluntária*. São Paulo, Brasiliense, 1982, pg.19.

eternamente".[13] Temos, portanto, uma terceira causa para a vontade de servir, a saber, o medo da liberdade.

Nas sociedades primitivas, enfim, o chefe, ao invés de detentor de uma autoridade que dita o *dever ser* dos integrantes do grupo, acaba por sofrer uma "(...) dependência com relação ao grupo, e obrigação de manifestar a cada instante a inocência de sua função. (...) se não faz o que dele se espera, sua aldeia simplesmente o abandona em troca de um líder mais fiel a seus deveres.", é "(...) o meio de que o grupo dispõe para manter o poder fora da violência coercitiva, como garantia repetida a cada dia de que a ameaça está afastada".[14]

Sacadura, Siddhartha A. R. C. - Filosofia

(junho de 2011 – Texto apresentado na cadeira de Filosofia I do curso de Filosofia: USP – Faculdade de Filosofia, Letras, Ciências Sociais e História)

---

13. Clastres, Pierre. "Liberdade, Mau Encontro, Inominável". In: La Boétie, Etienne. *Discurso da Servidão Voluntária*. São Paulo, Brasiliense, 1982, pg.122.
14. Idem. *A Sociedade contra o Estado*. São Paulo, Cosac & Naif, 2003, pg.63.

Anexo

8

AS SOCIEDADES E SUAS PARTICULARIDADES (QUADRO SINÓTICO)

SOCIEDADES COM ALGUM REGISTRO NA HISTÓRIA

(Não existe percurso linear, universal ou necessário de passagem entre modelos)

Modelo 1 sem Estado	Modelo 2 sem Estado	Modelo 3 com Estado
Sem poder	Com algum poder	Com poder
Comunidade simples	Comunidade c/ alguma complexidade	Sociedade complexa
1. Nômades (Inuit–caça/coleta). Sedentários (Guayaki–caça/coleta)	1. Sedentarismo Híbrido (Kukuiá/Krahô – caça/coleta/agricultura)	1. Sedentarismo
2. Reciprocidade forte (Homem-Natureza = Homem-Homem)	2. Reciprocidade fraca (Homem-Natureza=Homem-Homem + Grupo-Grupo)	2. Competição (Homem-Homem = Mercadoria-Mercadoria)
3. Sem excedentes produtivos ou excedentes ocasionais	3. Excedentes da agricultura (Víveres-“Moeda”-Víveres)	3. Acumulação (Dinheiro-Mercadorias-Dinheiro+)

4. Rituais	4. Festas	4. Diversão/Busca de relacionamentos
5. Planejar = Agir	5. Planejar ≠ Agir	5. Planejar (capital) ≠ Agir (trabalho)
6. Oralidade (natureza)	6. Oralidade (costumes)	6. Leis formais (sucessão, propriedade)
7. Magia (coercitividade coletiva)	7. Religião (algum convencimento pessoal)	7. Teologia/Política (verdade da ciência)
8. Feiticeiro/Xamã (integração c/ natureza)	8. Chefe/Anciãos + Feiticeiros/Xamãs/Oráculos (oposição temporal x religioso)	8. Chefe político + Sacerdote (convívio temporal-religioso)
9. Prestígio (extensão da natureza – doação)	9. Autoridade (sabedoria e experiência – proteção)	9. Poder (Igreja e Estado – obrigação)

BIBLIOGRAFIA

AGAMBEN, Giorgio. Homo sacer: o poder soberano e a vida nua. Belo Horizonte: UFMG, 2004.

ANDRADE, Oswald de. Obras Completas: A Utopia Antropofágica. 4.ª ed. São Paulo: Editora Globo, 2011.

__________. Obras Completas: Estética e Política. 2.ª ed. São Paulo: Editora Globo, 2011.

ARENDT, Hannah. A condição humana. 10ª ed. Rio de Janeiro: Forense Universitária, 2004.

__________. O sistema totalitário (As origens do Totalitarismo). Lisboa: Dom Quixote, 1978.

ATTIÉ JR., Alfredo. A reconstrução do direito: existência, liberdade, diversidade. Porto Alegre: Sérgio Antonio Fabris, 2003.

BALANDIER, Georges. O Poder em Cena. Brasília: Editora Universidade de Brasília: 1982.

BBC Mundo. Viemos à América bem antes do que pensávamos. Por Lúcia Blasco, 01/02/2022. Disponível em: http://outraspalavras.net/outras-midias/viemos-a-amrica-bem-antes-que-pensavamos. Acesso em: 02/02/2022.

BITTAR, Eduardo e ALMEIDA, Guilherme. Curso de filosofia do Direito. 4a ed. São Paulo: Atlas, 2005.CAPRA, Fritjof. O ponto de mutação. São Paulo: Cultrix, s/d.

BORRADORI, Giovanna. Filosofia em tempo de terror: diálogos com Habermas e Derrida. Rio de Janeiro: Jorge Zahar Editor, 2004.

CORRÊA, José Celso Martinez (Zé Celso). Arte pra quê? Arte pra quem? Arte por quê? In Direito, Arte e Liberdade – Cris Olivieri; Edson Natale. São Paulo: SESC São Paulo, 2018.

CHAUÍ, Marilena. Brasil: Mito fundador e sociedade autoritária. São Paulo: Fundação Perseu Abramo, 2000.

__________. O que é ideologia. 2ª ed. São Paulo: Brasiliense, 2001.

COHEN, Abner. O Homem Bidimensional. Rio de Janeiro: Zahar Editores, 1978.

CLASTRES, Pierre. A Sociedade contra o Estado. São Paulo: Cosac e Naify, 2003.

CORREIA, Adriano. O pensar e a moralidade. In Transpondo o abismo – Hannah Arendt entre a filosofia e a política. São Paulo: Forense Universitária, 2002.

DAMATTA, Roberto. Carnavais, malandros e heróis: para uma sociologia do dilema brasileiro. Rio de Janeiro: Rocco, 1997.

__________. A casa e a rua: espaço, cidadania, mulher e morte no Brasil. São Paulo: Brasiliense, 1985.

DURKHEIM, Emile. Da divisão do trabalho social. In Os Pensadores. 2ª ed. São Paulo: Abril Cultural, 1983.

ENCICLOPÉDIA Portuguesa e Brasileira. Lisboa: Edições Zairol, 1999.

ENGELS, Friedrich. Sobre o papel do trabalho na transformação do macaco em homem. In Karl Marx e Friedrich Engels. Obras escolhidas. São Paulo: Alfa-Omega, s/d.

EVANS-PRITCHARD, E. E. Bruxaria, oráculos e magia entre os azande. Rio de Janeiro: Jorge Zahar, 2004.

FARIA, Octavio de Faria. Machiavel e o Brasil. 2ª ed. Rio de Janeiro: Civilização Brasileira, 1933.

FAORO, Raymundo. Os donos do poder: Patronato Brasileiro. Porto Alegre: Globo, 1977.

FOUCAULT, Michel. As palavras e as coisas: Uma arqueologia das ciências humanas. 3. ed., São Paulo: Martins Fontes, 1985.

__________. Ditos e escritos. v. V., 2ª ed. Rio de Janeiro: Forense Universitária, 2006.

__________. Tecnologias de si. In Verve, no 6, Programa de Estudos Pós-Graduados em Ciências Sociais, PUC/SP, 2004.

FREITAS, Edinaldo Bezerra de. Ser ou não ser mehin: a etno-história krahô. In Projeto História – PUC/SP, no 23.

GASPARI, Elio. A ditadura escancarada. São Paulo: Cia. das Letras, 2002.

GEERTZ, Clifford. Reflexiones antropológicas sobre temas filosóficos. Barcelona: Ediciones Paidós, 2002.

GILISSEN, John. Introdução Histórica ao Direito. 2ª ed. Lisboa: Fundação Calouste Gulbenkian, 1995.

GODELIER, Maurice. Horizontes da antropologia. Lisboa: Edições 70, s/d.

GOMES, Orlando. Raízes históricas e sociológicas do Código Civil brasileiro. São Paulo: Martins Fontes, 2003.

GUERRA FILHO, Willis Santiago. Teoria política do direito: uma introdução política ao Direito. Brasília: Brasília Jurídica, 2000.

HELLER, Agnes & FEHÉR, Ferenc. A condição política pós-moderna. Rio de Janeiro: Civilização Brasileira, 1998.

HOLANDA, Sérgio Buarque. Raízes do Brasil. 8ª ed. Rio de Janeiro: José Olympio, 1969.

INVERSE. Crânio de 9.990 anos pode reescrever a antiga história americana. Sarah Sloat, 02/05/2020. Disponível em: https://www.inverse.com/science/9990-year-old-skull-may-rewrite-ancient-american-history. Acessado em: 10/02/2022.

JUNQUEIRA, Carmen. Antropologia Indígena: uma Introdução. São Paulo: Edpuc, 2002.

KELSEN, Hans. Teoria pura do Direito. 4ª ed. São Paulo: Martins Fontes, 1994.

LÉVI-STRAUSS, Claude. As estruturas elementares do parentesco. 2ª ed. Petrópolis: Vozes, 1982.

LUHMANN, Niklas. Introdução à teoria dos sistemas. Petrópolis: Vozes, 2009. (Coleção Sociologia).

MARCONI, Maria de Andrade & PRESOTTO, Zelia Maria neves. Antropologia: Uma Introdução. 6ª. ed. São Paulo: Atlas, 2005.

MATOS, Olgária. Vestígios: Escritos de filosofia e crítica política. São Paulo: Palas Atenas, 1998.

MELATTI, Julio Cezar. Amor e Casamento. Disponível em: pt.scribd.com/document/327529299/Amor-e-Casamento-Melatti-pdf. Acessado em: 22/03/2022.

MORRIS, Clarence (org.). Os grandes filósofos do Direito. São Paulo: Martins Fontes, 2002.

MUSSA, Silvia Cristina Prado. Constituição e Direito Relacional Brasileiro, trabalho apresentado no 6º Congresso Nacional de Iniciação Científica, São Paulo, 2006.

OLIVEIRA, Francisco de. A economia da dependência imperfeita. 4ª ed. Rio de Janeiro: Graal, 1984.

PASSETTI, Edson. Anarquismos e sociedade de controle. São Paulo: Cortez, 2003.

PRADO JÚNIOR, Caio. História econômica do Brasil. São Paulo: Círculo do Livro, 1982.

RIBEIRO, Darcy. O Povo Brasileiro. 2ª ed. São Paulo: Companhia das Letras, 1995.

ROCHA, José Manuel de Sacadura. Sociologia Jurídica: fundamentos e fronteiras. 7.ª ed. São Paulo: Gen/Forense, 2022.

__________. História do Direito – Antiguidade: Oriente, Grécia, Roma e Ibéricos. São Paulo: Gen/Forense, 2015.

ROMERO, Sílvio. Mestiçagem e Literatura Nacional. In Antonio Candido. Teoria, Crítica e História Literária. Petrópolis: Vozes, 1978.

SCHMITT, Carl. Teologia política. Belo Horizonte: Del Rey, 2006.

SCURO NETO, Pedro. Manual de sociologia geral e jurídica. 3ª ed. São Paulo: Saraiva, 1999.

SHIRLEY, Robert Weaver. Antropologia jurídica. São Paulo: Saraiva, 1987.

TAVARES, Maria da Conceição. Da substituição de importações ao capitalismo financeiro. 11ª ed. Rio de Janeiro: Jorge Zahar, 1983.

TOCQUEVILLE, Aléxis. Democracia na América. São Paulo: Nacional, 1969.

TODOROV, Tzvetan. A vida em comum: ensaio de antropologia geral. São Paulo: UNESP, 2014.

VIANA, Oliveira. Populações Meridionais do Brasil. Brasília: Edições do Senado Federal, 2005. V. 27.

__________. A Evolução da Raça. Rio de Janeiro: Departamento de Estatística do Brasil. VI, Segunda Parte.

EDITORA
*Jus*PODIVM
www.editorajuspodivm.com.br

RENOVA
GRAF
www.renovagraf.com.br